《中国铁路职业与教育》编委会

（按姓氏笔画排序）

王 彦　王媛媛　支崇珏　吕 超　朱志伟

刘 芳　苏云锋　李俊娥　吴国毅　吴望红

何成才　余毅晖　张明娥　罗 亚　郑毛祥

侯梅英　夏 栋　顿小红　奚 进　高玉平

涂玉芬　彭开勤　谢淑润　雷 湘

中国铁路职业与教育

(第1辑·第1卷 总第1卷)

武汉铁路职业技术学院 ◎ 主 办
苏云锋 王德洪 ◎ 主 编

华中科技大学出版社
http://www.hustp.com
中国·武汉

图书在版编目(CIP)数据

中国铁路职业与教育.第1辑.第1卷:总第1卷/苏云锋,王德洪主编.—武汉:华中科技大学出版社,2022.6

ISBN 978-7-5680-8349-2

Ⅰ.①中… Ⅱ.①苏… ②王… Ⅲ.①铁路工程-职业教育-中国-文集 Ⅳ.①U2-53

中国版本图书馆 CIP 数据核字(2022)第 098311 号

中国铁路职业与教育(第 1 辑・第 1 卷 总第 1 卷) 苏云锋　王德洪　主编

Zhongguo Tielu Zhiye yu Jiaoyu (Di 1 Ji・Di 1 Juan Zong Di 1 Juan)

策划编辑：周晓方　宋　焱
责任编辑：苏克超
封面设计：原色设计
责任校对：张汇娟
责任监印：周治超

出版发行：华中科技大学出版社(中国・武汉)　　电话：(027)81321913
　　　　　武汉市东湖新技术开发区华工科技园　　邮编：430223
录　　排：华中科技大学惠友文印中心
印　　刷：湖北新华印务有限公司
开　　本：787mm×1092mm　1/16
印　　张：12.5　插页：2
字　　数：270 千字
版　　次：2022 年 6 月第 1 版第 1 次印刷
定　　价：88.00 元

本书若有印装质量问题,请向出版社营销中心调换
全国免费服务热线：400-6679-118　竭诚为您服务
版权所有　侵权必究

目录

页码	标题
3	悬挂式单轨交通车辆出库标准研究_何安琪
9	地铁隧道管片连接螺栓紧固性能的控制与维护措施_陈冬梅
15	基于悬挂式单轨交通的客运组织规则研究_谢淑润
22	悬挂式单轨交通信号系统选型及成本控制策略_文　豪　肖　曼
30	悬挂式单轨交通运营安全保障机制研究_赵义军
35	悬挂式单轨交通通信设备运维技术研究_黄　瑞
43	悬挂式单轨列车转向架技术研究_黄　华
49	悬挂式单轨交通信号系统关键技术及运营维护标准研究_李　波
56	悬挂式单轨交通接触轨维修标准制定研究_罗　君
62	悬挂式单轨交通接触轨故障的应急处置_王旭东
68	悬挂式单轨列车再生制动能量吸收及利用方案探讨_张绍静
73	悬挂式单轨交通变电所运行管理和设备检修探讨_邓小桃
78	悬挂式单轨交通线路变形监测技术_何　欢
82	悬挂式单轨车辆车内电气设备年检规程研究_胡　翔
88	特殊天气下悬挂式单轨交通应急行车组织研究_胡小依　刘梦君
93	城市轨道交通自动售检票系统站级售检票方式研究_罗　军
97	基于悬挂式单轨交通的票务规则研究_张美晴　谢淑润　李　洁

高职教育研究 Chapter 2

- 107 中国特色现代学徒制构建路径 _ 王德洪
- 112 我国现代学徒制研究现状及展望——基于核心期刊的可视化分析 _ 吕　健
- 123 高职院校学生党员发展质量保障机制研究 _ 蓝　镭
- 130 新冠肺炎疫情背景下大学生心理健康与应对措施研究 _ 丁　冬
- 135 我国职业教育政策发展趋向与高职院校治理路径 _ 苏丽芳
- 141 可持续发展视域下的大学生社会主义核心价值观培育 _ 余毅晖
- 147 工程项目管理信息化现状分析与对策研究 _ 邓　珲

教育教学改革 Chapter 3

- 153 "三教"改革提高高职护理专业学生护考通过率初探 _ 邱胜军　蒋卫东
- 158 基于模糊综合评价法的"双创"教育评价研究 _ 陈　莹　彭　俏
- 166 铁路高职院校思想政治教育亲和力提升路径研究 _ 管丽娟
- 172 "1+X"电子商务月度销量环比数据案例分析 _ 苏　雪　石娘峰
- 177 基于"1+X"证书制度的专业群人才培养模式探析 _ 杨　沁
- 184 教学与素质养成相结合的高校体育教改方案研究 _ 陈先明
- 189 新课改背景下体育课程评价的问题与优化策略研究 _ 王　进

Chapter 1

现代轨道交通

悬挂式单轨交通车辆出库标准研究

何安琪

(武汉铁路职业技术学院)

摘　要

悬挂式单轨交通车辆因其造价低、环保、对城市景观影响小、工期快等优点,在中小城市特别是景区有较大的需求和很好的发展前景。目前国内暂无成熟的运营线路,制定悬挂式单轨交通车辆的运营检修标准是当前迫切需要解决的问题之一。本文聚焦悬挂式单轨交通车辆的实际运营需求,研究讨论了悬挂式单轨交通车辆的出库标准,从外观检查到司机室检查、客室检查等方面制定相应的检查标准,为保障悬挂式单轨交通车辆的运营奠定坚实的基础。

关键词

悬挂式单轨　出库标准　车辆

一、引言

悬挂式单轨交通车辆是我国城市轨道交通中的一支新兴力量。与传统城市轨道交通车辆相比,悬挂式单轨交通车辆在结构形式、走行机构上存在很大差异。悬挂式单轨交通车辆的转向架位于车辆顶部,列车悬挂在高架轨道梁上运行。

悬挂式单轨交通车辆在德国已经运营数十年了,安全可靠,技术成熟。悬挂式单轨交通系统对土地的占有率较低,一般为高架桥结构。悬挂式单轨交通系统大多数采用的轨道系统为梁轨合一,转向架上设走行轮和导向轮,轮胎为实心橡胶轮胎,可以应对急弯及大坡度等复杂地形,最大限度减少土地拆迁量。同时,悬挂式单轨交通系统投资少,建设周期短。其主要特点如下。

1. 城市空间利用率高

悬挂式单轨交通系统以高架结构为主,占地面积少,轨道梁宽度窄,占用空间小。

2. 运行安全

车辆转向架上装有走行轮和导向轮,走行机理与钢轮钢轨系统完全不同,在列车运行过程中,走行轮和导向轮始终在箱形轨道梁内部,充分保障了列车的运行安全。

3. 适应地形能力强

胶轮黏着性能好,有利于加、减速,适合在坡道大、站间距短、曲线半径小的线路上运行,可以应对急转弯及大坡度等复杂地形,选线范围广,可以减少拆迁量和施工期间对地面交通的影响。

4. 环境效应优越

车辆分设走行轮和导向轮,均采用实心橡胶轮胎,走行噪声低。列车牵引方式为电力牵引,运行中无排气污染,对城市环境污染小。悬挂式单轨交通系统采用的细梁柱轨道结构对城市景观影响小;乘客在车上视野宽广,眺望条件好,能起到游览观光的作用。

二、悬挂式单轨交通车辆

悬挂式单轨交通车辆与常见的钢轮钢轨车辆在结构和外形上有很大不同,该车辆悬挂在轨道梁下运行,每辆车有 2 个转向架,每个转向架有 4 个走行轮和 8 个导向轮。车辆靠走行轮支撑并在轨道梁上行走,车辆的导向轮沿轨道梁内侧面行走,保证了车辆的转向和稳定。车辆的走行轮和导向轮均采用实心橡胶轮。车辆的主要性能参数如下。

1. 供电方式

(1)受电方式:采用接触轨侧面受流方式,设置 DC 750 V+和 DC 0 V 两条供电轨。
(2)接触轨供电电压:DC 750 V(波动范围:网压 500 V~900 V)。
(3)再生制动时不高于 DC 950 V。
(4)供电系统中牵引变电所、接触网及供电保护装置应符合 GB/T 10411 的有关规定。

2. 车体主要尺寸

车辆长度(车钩连接面):Mc 车,11625 mm;M 车,10500 mm。列车长度(两端车钩连接面之间):33750 mm。车辆高度:3730 mm。车体宽度:2400 mm。车顶设备最高点距轨道梁走行面:325 mm。车内内顶高度:2100 mm。

3. 列车牵引性能

车辆在干燥、清洁的平直轨道上,在超员(AW3)、额定网压以及车轮全磨耗状态下的牵引性能参数见表1。

表1 牵引性能参数

项目	参数
列车试验速度	70 km/h
列车最高运行速度	60 km/h
牵引运行时冲击极限	≤0.75 m/s³
平均启动加速度(0~30 km/h)	≥1 m/s²
平均加速度(0~70 km/h)	≥0.5 m/s²
通过洗车机稳定运行速度	3~5 km/h
列车联挂速度	≤5 km/h

4. 列车制动特性

在超员(AW3)情况下,在平直干燥的线路上,车轮全磨耗状态下,列车从高运行速度60 km/h制动到停车,平均减速度为:最大常用制动≥1 m/s²,紧急制动≥1.2 m/s²。列车纵向冲击率(安全制动除外)≤0.75 m/s³。停放制动应能保证超员(AW3)列车安全地停放在80‰坡道上,并考虑最大风力的影响。电制动性能应能满足定员载荷(AW2)情况下,最大常用制动全电制动。车站列车停车对位精度(正确率为99.99%)±300 mm。

三、悬挂式单轨交通车辆出库标准

为了保障线路的畅通和安全运营,悬挂式单轨交通列车在出库时,需对与车辆运营安全相关的重要设备进行检查。参照司机的检查顺序,可将车辆的检查分为车体与走行部检查、司机室检查和客室检查。针对不同的检查部位,需要制定不同的出库标准,司机在进行出车作业时一定要严格遵守相关标准。

1. 车体与走行部出库标准

车体与走行部出库标准见表2。

表 2　车体与走行部出库标准

序号	主要检查项目	检查内容及要求
1	车体外观(包括受流器)	无损坏,无变形;配件齐全,安装牢固。受流器碳滑板磨损未超限
2	头灯、尾灯、行车灯,站点显示屏	功能正常,显示正确,外观无破损
3	车钩及缓冲装置(包括半自动车钩、半永久牵引杆)	配件齐全,安装牢固;无损坏,无变形
4	转向架	配件齐全,安装牢固;转向架构架无裂纹;空气弹簧无破损、无漏风;橡胶轮表面无明显破损,橡胶轮磨损未到限,无老化龟裂。液压制动系统制动、缓解作用良好,液压制动控制单元和蓄能器外观良好,无损坏,液压油路无漏油;闸片间隙正常,闸片无裂纹,闸片磨耗未到限
5	电气设备箱	外罩齐全,箱盖锁闭良好;安装无异常
6	空气压缩机、干燥器单元制动器及各种阀件、塞门	配件齐全,安装牢固;空气压缩机安装无异常,打风时无异响;塞门位置正确;风管路无异常泄漏,作用良好
7	两车间电缆、插座	无损坏、变形,锁闭良好;安装无异常

2. 司机室出库标准

司机室出库标准见表 3。

表 3　司机室出库标准

序号	主要检查项目	检查内容及要求
1	司机控制器(方向手柄、主控手柄、钥匙开关、警惕按钮)、紧急制动按钮	配件齐全,功能正确,作用良好
2	HMI显示屏	无明显损坏,信息显示清晰、准确,作用良好
3	逃生门、司机室间壁门	作用良好,密封良好
4	各种仪表、指示灯	外罩完整,安装固定良好,无破损,显示正确
5	前窗玻璃、侧窗玻璃	清洁,无损坏,安装固定良好
6	电器柜	电源自动开关位置置于闭合位;各旁路开关位置正确;接线排无异常;柜门关闭良好
7	各种辅助设备	防护设备、行车备品、灭火器齐全,性能良好

续表

序号	主要检查项目	检查内容及要求
8	照明灯	状态良好
9	各种按钮开关、转换开关、旋钮开关	位置正确,作用良好
10	列车广播系统	显示屏显示清晰,功能良好
11	雨刷、水箱	作用良好,水箱无泄漏
12	司机室内观(地板、内装等)	清洁,无明显损坏,安装固定良好
13	电笛	作用良好
14	车载电台	性能良好
15	车载信号系统	性能良好
16	点动牵引试验	符合技术要求
17	制动性能试验(包括停放制动试验)	符合技术要求
18	乘客信息系统视频监控	监控和视频存储功能良好,监控画面清晰

3. 如发现下列故障之一,严禁出库

(1)受流设备、高速断路器等高压设备故障;

(2)司机控制器、牵引逆变器等牵引系统故障;

(3)液压制动控制装置不缓解或不制动等制动系统故障;

(4)列车网络控制系统或列车监控系统故障;

(5)空气压缩机、辅助逆变器等辅助系统故障;

(6)车载通信、信号设备故障;

(7)头灯、尾灯、行车灯故障,或无相应显示,或显示不正确;

(8)乘客信息系统视频监控功能失效或视频数据存储失效;

(9)列车广播自动报站和手动报站均失效;

(10)客室空调不能开启或开启后无效果;

(11)其他影响列车运行或危及行车安全的故障。

四、结束语

本文探究了悬挂式单轨交通车辆的出库标准,针对列车的不同部位及司机的出库检查流程,对车辆的出库检查进行分类,分为车体与走行部检查、司机室检查和客室检查。

分析研究了各个不同部位需要检查的内容、检查的方式及需要达到的技术要求,初步形成车辆的出库标准。由于不同线路车辆设备存在差异,可以在此基础上根据实际情况新增或删减需要检查的设备或内容。

参考文献

[1] 李定南.国内外悬挂式单轨列车的发展与展望[J].国外铁道车辆,2017(3).
[2] 李苇,许文超,安琪.悬挂式单轨车的发展及其现状[J].机车电传动,2014(2).
[3] 薄海清.悬挂式单轨交通车辆检修工艺及管件设备探讨[J].铁道标准设计,2013(1).
[4] 田野.城市轨道交通车辆检修工艺[J].人民交通,2018(3).

地铁隧道管片连接螺栓紧固性能的控制与维护措施

陈冬梅

（武汉铁路职业技术学院）

摘 要

地铁隧道管片拼装质量取决于连接螺栓的紧固状况。导致管片连接螺栓紧固失效的原因应从螺栓连接的原理与特征作分析，螺栓的紧固作业过程及管片在隧道运行中的荷载变化与检测、维护，都会对其产生直接影响。依据螺栓松动的关键影响因素为动荷载作用，提出相应的控制措施，确保管片连接螺栓的紧固作用的稳定性。

关键词

地铁隧道　管片拼装　螺栓连接　紧固力

一、引言

某地铁隧道，线路工在执行轨道巡检任务中，发现多处管片拼装连接螺栓出现明显松动。这种情况在部门线路巡查规章中并未列入规定检查项目，隧道结构维护技术规程中也没有螺栓松动的判定标准。

案例中的地铁隧道采用盾构法施工单层衬砌结构管片拼装成形，连接螺栓分为环向连接与纵向连接，采用弯曲螺栓连接。出现螺母松动处为远距离肉眼可察觉松动，螺母移动在2~3丝扣。这种情况属于个别现象，但是，考虑到可能存在不为肉眼可察觉的螺母松动，区间隧道管片连接螺栓松动问题应引起工务维护部门的高度重视。

二、盾构法地铁隧道管片结构

隧道管片主要为钢筋混凝土材料,管片结构包括四个方面的内容:分块尺寸、拼缝设置、密封技术、连接方式。隧道管片的分块数一般为6～8片,管片宽度为1.0m、1.2m、1.5m等规格。管片的拼装大都采取错缝拼装,仅在联络通道处有时采用通缝拼装,以满足结构的一致性。管片接缝间的防水与密封材料采用橡胶密封垫,材料主要有氯丁橡胶、三元乙丙橡胶等。

隧道管片的紧固连接件有直型螺栓与弯曲螺栓。钢筋混凝土管片为平板型,一般采用弯曲螺栓连接。连接螺栓分为环向螺栓、纵向螺栓。弯曲螺栓接头易于变形,使管片的整体结构具有一定的柔性。这种接头可以抵抗较大弯矩、承载剪切位移,适应结构的拉伸与压缩变形,同时接头的密封性好。弯曲螺栓接头多用于区间隧道的管片连接。增加螺栓连接数量可以提高刚性。

本案例中关注的问题涉及管片连接结构,主要发生于区间隧道管片的连接,而且以纵向连接接头为主。对于隧道管片,在环向接头处主要承受环向压力作用。由于周边土压力不相等影响,会使得结构可能受到弯矩作用,引起管片内侧产生拉应变、外侧产生压应变(正弯矩),或内侧产生压应变、外侧产生拉应变(负弯矩)。环向接头上的弯曲刚度以及管片的环向弯曲刚度,需要通过管片端部表面的凸台构造与相邻管片接触形成环向整体结构,需要弯曲螺栓紧固连接并确保一定的预紧力(通常为70～80 kN)。

三、管片连接螺栓的作用原理

螺栓连接是通过螺栓与螺母配合形成的紧固元件。其抗剪作用是通过螺栓杆与孔壁互相挤压传力,抗拉作用是靠螺栓紧固后的预紧力。通过拧紧力使螺栓产生预紧力。预紧力的形成包括两个方面:一是螺纹接触面上的锁紧力;二是螺栓与螺母之间的摩擦力、螺母与紧固的管片端面的摩擦力。在螺母上施加一定的扭转力矩,使螺母转动,螺母通过螺纹斜面对螺杆做功,将螺杆轴向拉伸,螺杆在其弹性范围内会产生回缩,弹性回缩力即为预紧力。螺栓的螺纹斜面加工精度与润滑条件对拧紧力有直接影响。普通螺纹紧固件中,螺栓与螺母的受力变形使螺母各牙螺纹所承担的荷载不等,第一牙螺纹的承载量最大,约占总荷载的1/3,并逐牙同比递减。当螺母受力时,应力主要集中于第一牙与第二牙螺纹接触面。拧紧力较大时,第一牙螺纹产生弯曲和剪切变形,这样使第二牙螺纹承受应力并产生锁紧力。以此类推,螺母的承载负荷面将受力依次传递。

对于管片的连接螺栓作用,当外部荷载为零时,即环向与纵向没有发生各种因素引起的变形,紧固力等于螺栓的预紧力;而当管片受到外部荷载作用时,在荷载作用不足以抵消预紧力的范围内,预紧力不变,但紧固力会产生变化;只有当外部荷载作用大于螺栓的预紧力,造成螺栓产生拉伸,则紧固力为零。较高的预紧力对提高连接的可靠性是有利的。当然,过高的预紧力会造成相反的作用,带来一些不利的影响。

四、螺栓松脱的原因分析

(一)管片拼装过程中的影响因素

(1)紧固操作过程中由于施作顺序不当,致使管片端面由于受力不均衡产生局部微小变形,初拧扭矩过大或过小,尤其是产生的螺栓初始预紧力不足以调节螺栓顺直。

(2)由于运输、装卸、保管不当,使摩擦面被油污、杂物等污染,从而大大降低抗滑移性能。

(3)由于管片制作误差及安装偏差,造成接触摩擦面产生间隙。

在螺栓拧紧过程中,无论采用什么方法,都是建立在扭矩与轴向力关系或螺栓拉长量与轴向力关系之上的。实际的预紧力与设计规定的预紧力会存在不同程度的偏差,通常的情况是由于端面摩擦性能变差、扭矩控制精度与螺栓强度波动的影响,实际轴向力往往只能达到屈服强度的 30%~70%。如果通过增大接触面来解决,则不仅会造成结构增大、材料浪费,而且会导致螺栓连接的可靠性较差。同时,接触面的不平整度较大、间隙过大的影响作用较为严重,直接影响紧固件的安全性能。

还需要注意的是,金属具有延展性,螺栓在拧紧过程中会产生变形,在力矩加固完毕以后螺栓会产生一个缓慢的回复原始形态的过程,在这个过程中,会使原有力矩值变小,这个缓慢回复的过程就是力矩释放的过程。

(二)荷载作用过程中的影响因素

管片螺栓连接在地铁运营过程中的荷载分为静荷载与动荷载。静荷载表现为管片周边土压力的不均衡造成的管片衬砌结构的位移、隧道所处地段的地下水作用等,这些作用的效应反映为对管片的拉力、压力、弯矩作用与剪力作用。动荷载的主要作用为地铁车辆运行中产生的振动作用,隧道空间中列车的运行产生的空气活塞效应。我们重点关注动荷载的影响。

1. 振动荷载

静止的列车会因为较大质量的车身停泊在铁轨上而产生较大的接触面的应力作用。

随着列车启动运行,应力的范围会随着车体的移动而移动,静止时的应力作用也会向四周扩散产生运动的应力场。实际运行中,这种应力场会涉及车轮滚动和滑动,以及车轮轮对偏移、车轮表面凹凸、轮轴负荷过大等作用因素。在轨道上,需要考虑两条钢轨的受力不均匀、轨道不平滑、道床内空气变化等可能会成为增加列车振动的因素。

地铁在运行时,车轮因为某些因素而产生振动,一部分振动直接转化成噪声,另一部分振动通过轨道、枕道床结构传播到隧道。轨道轮轨种类、轮轨形状、枕道床状况都会影响列车振动的产生和传播。

在振动大小的归类中,最大振动根据车轮和轨下部件的共振产生的频率决定,共振大小根据列车速度决定。特殊情况时,速度较慢的列车比速度较快的列车产生更大的振动。结构振动和空气噪声是列车在行进过程中所产生的两种主要的振动类型。地基应对振动的弹性程度、隧道衬砌结构的形状和设计结构以及隧道内建筑设施布置等都直接影响结构物的振动感应。通过现场实测可知,地铁运营引起地面振动的加速度峰值保持在 10^{-4} m/s² 量级,远大于无列车影响的背景振动的 10^{-2} m/s² 量级,地铁列车运行引起建筑结构物振动的主频率保持在 60~80 Hz。

2. 隧道空气动力荷载

地铁列车在区间隧道中运行时,由于隧道壁的限制,列车将隧道内的空气推向下一开口处,形成与列车运动方向相同的气流,称为活塞风。活塞风的特性是隧道设计的重要参考项,且列车在地铁隧道中运行时所产生的活塞效应对隧道内空气的流动特性起着重要影响。一方面,活塞效应是隧道及站台自然通风换气的主要动力;另一方面,伴随着列车的阶段行驶过程,活塞风会改变区间内隧道壁的空气动力分布,对隧道壁的结构产生影响。

活塞风具有交变荷载特性,其主要特征表现为瞬变压力。当列车以最高速度 120 km/h 行驶时,断面变化及活塞风造成的压力突变,最大压力变化值为 1700~1900 Pa/3s,构成对隧道壁的动力作用效应。受气流影响产生震颤,作用到螺栓上形成周期性突变应力。螺栓连接件的材料发生蠕变和应力松弛,使连接中的预紧力和摩擦力逐渐减小,导致连接松动。人们通常注意到这种压力波对司乘人员的健康影响,而实际上,作为一种振动波,对于暴露在隧道空间内的螺栓结构来说,这种长期往复作用的振动影响,会使螺栓产生微细的滑移变化,可以确定螺栓的滑移影响是肯定存在的,应该引起重视,这方面的研究数据有待进行相关的监测、考证。地铁隧道内的空气动力学特性及其影响的研究具有十分重要的意义。

五、管片连接螺栓防松措施

（一）管片、螺栓材料的质量控制

（1）严格检查管片质量，及时发现环面不平或环面与隧道轴线不垂直等，杜绝螺栓孔处振捣不实、麻面裂纹等严重缺陷问题。

（2）严格检查螺栓孔质量。螺栓孔的主要质量问题，如堵孔、移位、弧度变化等，会导致螺栓无法正确地穿过螺孔，产生螺栓穿孔阻力。

（3）严格控制螺栓的加工质量，重点控制表面处理质量，检查螺栓摩擦面抗滑系数是否满足设计要求，强化螺栓、螺母、垫圈的配套使用核查。

（二）螺栓紧固操作程序控制

（1）严格落实管片螺栓复紧制度，每块管片拼装后要求及时穿入螺栓，并按规程进行初次紧固；每环成形后应对所有螺栓进行二次紧固。

（2）螺栓紧固力按照相关的参数表严格执行，初始紧固力为标准紧固力的60%～80%，主要用于固定管片连接，调节管片接触面及螺栓孔误差引起的紧固力损耗。

（3）注意环缝、纵缝间隙测量，在拼装封顶块管片前，应对邻接块之间的开口量进行实测，达到设计开口量后方可拼装封顶块，减小环内管片螺栓应力。

（4）控制螺栓的松弛效应，严格执行纵向连接螺栓的复紧要求，每环在退出尾刷前后都要进行复紧，每当千斤顶行程为1000～1300 mm时须对前三环复紧一遍，即保证每环螺栓复紧三遍。

（三）施工作业管理控制

（1）加强施工管理，做好自检、互检、抽检工作，确保螺栓穿进及拧紧的质量。

（2）强化过程检验，确保工程实体检查与螺栓紧固检测资料的同步性、真实性与完整性。

（四）运营维护检测控制

（1）将螺栓紧固状态检查纳入隧道结构检查条例。

（2）建立运营隧道管片螺栓复紧制度，定期检查与复紧。

（3）试验、探索类似敲击法检测螺栓松紧程度的无损检测方法，用于定量评估螺栓连接的实际状况，尤其是及时检测螺栓开始松动及螺栓全松情况。

六、结论

本文探讨了地铁隧道管片连接螺栓紧固的控制与维护问题。管片连接螺栓的紧固质量是管片结构稳定性、刚度要求及隧道防渗漏、抗变形性能的重要保证，同时也是保障地铁运营安全的基本条件。本文通过对管片螺栓防松动机理的分析讨论，从管片拼装作业与隧道运营维护两个方面提出了防止管片连接螺栓松动的具体措施，这些措施有待在工程实践中得到进一步的巩固与完善，从而确保地铁隧道的运行安全与结构稳定。

参考文献

[1] 黄宏伟,臧小龙.盾构隧道纵向变形性态研究分析[J].地下空间,2002(3).

[2] 陈基炜,詹龙喜.上海市地铁1号线变形测量及规律分析[J].城市地质,2000(2).

[3] 洪俊青,刘伟庆.地铁对周边建筑物振动影响分析[J].振动与冲击,2006(4).

[4] 刘伊江.地铁隧道内列车活塞风的计算方法[J].都市快轨交通,2006(5).

基于悬挂式单轨交通的客运组织规则研究[①]

谢淑润

（武汉铁路职业技术学院）

摘　要

本文以悬挂式单轨交通为研究对象，联合中铁科工集团有限公司，针对悬挂式单轨交通运营模式开展研究。本文简要分析了基于悬挂式单轨交通的客运组织规则有别于普通轮轨交通客运组织规则的研究重点，提出了悬挂式单轨交通客运组织机构设置架构，规范了车站客运设施设备的设置、使用和设备故障处理流程，售票组织、检票组织、乘降组织和换乘组织的管理规定，客运安全的管理规定，客运服务质量要求，事故及应急处理规范要求等，为悬挂式单轨交通车站客运组织工作的有序开展提供保障。

关键词

悬挂式单轨交通　　运营管理技术标准　　客运组织规则

一、引言

悬挂式单轨交通作为轨道交通的一种类型，具有施工周期短、占地面积小、地形适应性强等特点。与地铁、轻轨、有轨电车等轨道交通相比，悬挂式单轨交通的优势十分明显。首先，其建设成本较低，同等长度悬挂式单轨交通的造价约为地铁项目的1/3。其次，悬挂式单轨交通是向上发展，利用道路中间的花坛、隔离带等地建设立柱，不会对城市道路形成挤压，占地面积小，且立柱可拆除重复利用，大大缓解了城区拥堵难题。此

[①] 本文系校级课题"基于悬挂式单轨交通的客运组织规则研究"的成果。

外,悬挂式单轨交通的爬坡能力是地铁的3倍,转弯半径只有50米,约为地铁的一半,减少了对城市建设的影响。由于悬挂式单轨交通在国内尚无商业运营线路,拟应用悬挂式单轨交通的运量等级、适用范围、功能定位不一而论,没有正式颁布针对中国市场的统一标准,仅有2020年4月住房和城乡建设部向社会发布的悬挂式单轨交通技术标准(征求意见稿),于2021年1月形成悬挂式单轨交通技术标准(送审稿)。另外,光谷中央生态大走廊空中轨道项目是武汉市首条规划建设的城市悬挂式单轨,预计于2022年正式运营。光谷生态大走廊空中轨道一期工程线路全长约10.5 km,设站6座,全高架敷设。线路起于光谷四路森林动物园附近,经由光谷四路、豹子溪公园、综合保税区,止于龙泉山。分别在九峰山、高新大道、高新二路、高新四路、综合保税区、龙泉山设站6座。其中,起点站九峰山站、终点站龙泉山站为折返站,一期工程设车辆基地1座,位于线路终点龙泉山北侧,占地约12公顷。在此背景下,研究悬挂式单轨交通的运营模式及其客运组织规则,是保障悬挂式单轨交通车站客运组织工作有序开展的必要手段。

二、基于悬挂式单轨交通客运组织规则的研究重点

悬挂式交通运营管理应以服务乘客、保障运营为目标,结合网络化及资源共享等因素,设置岗位,建立精简、高效的组织机构;采用中心站管理模式;遵循"安全、准点、快捷、舒适"的宗旨,正确合理使用客运设施设备,完成售检票、乘客乘降等工作,提高服务质量,保障车站客运组织工作有序开展;在发生事故时,及时启动应急预案,做好客流组织应急处置。

(一)建立精简、高效的客运组织机构

悬挂式单轨交通客运组织工作实行统一领导、分级管理的原则。悬挂式单轨交通客运组织机构设置架图构如图1所示。

悬挂式单轨交通总公司客运中心主要负责公司级客运相关制度的修订与完善、年度计划的编制与下达等工作;悬挂式单轨交通总公司网络运营调度中心主要负责线网列车运行调整、线网级应急响应启动等工作;悬挂式单轨交通分线客运车间主要负责贯彻执行总公司下达的有关规章、命令及指示,编制下达本线年度计划和车站管理办法,监督各车站执行计划;悬挂式单轨交通分线控制中心负责根据总公司网络运营调度中心下达的指令,配合行调完成分线所辖各车站的客流疏导、监控与统计工作;车站作为最基础单位,主要负责贯彻执行公司、部门下达的规章、命令和指示,做好本站售检票和客运服务等工作。

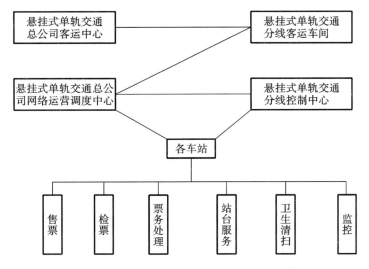

图 1 悬挂式单轨交通客运组织机构设置架构图

(二)采用中心站管理模式

站群管理采用中心站管理模式,每隔3～5座车站设置1座中心站。中心站宜设置在换乘站、折返站、大客流站及有岔站,信号联锁站宜设置于中心站。车站设备的巡视检查和日常维护应由中心站负责,车站及区间设备的定期维修应由维修中心负责。车站运营管理岗位主要包括站务员、值班员、值班站长、中心站站长。

(三)合理使用客运设施设备,完成车站日常客运组织工作

车站客运设施应满足客流需求,保证乘客乘行安全、集散迅速、功能分区明确、布置紧凑、便于管理。售票组织工作遵循快速准确原则,尽量减少排队现象。检票组织工作应严格执行票务制度、规章及检票纪律,严格把关,防止漏洞,并保持检票口或进出闸机的正常秩序。乘降组织是客运组织服务工作的重点,本着安全、快速的原则,确保乘客乘降安全。

(四)做好客流组织应急处置

贯彻执行国家、上级部门以及运营公司有关交通管理规定,坚持"安全第一,预防为主"的方针,建立健全安全控制体系,落实安全生产责任制,防止各类事故的发生。遇有列车运行秩序紊乱、车站照明熄灭、乘客意外伤害/死亡、车站发生火灾/地震/水灾/暴雨/爆炸等特殊情况时,车站要按照本站应急预案规定,做好相关客流组织应急处置。

三、悬挂式单轨交通客运组织规则的主要内容

悬挂式单轨交通客运组织规则的主要内容包括总则、客运设施、售票组织、检票组织、乘降组织、客运安全、服务质量、事故及应急处理、附录。

（一）总则

悬挂式单轨交通客运组织工作是科学、合理地安排客运人力资源,充分利用客运设施,搞好客运宣传,开展售票组织、检票组织和乘降组织等作业程序,加强联劳协作,安全、迅速、有序、高效地运送乘客,并将服务质量管理贯穿到整个运营工作过程中。规则适用于悬挂式单轨交通所有线路及车站的客运组织工作。凡与客运有关人员都必须认真学习,严格贯彻执行,各车站、客运相关单位应依据本规则制定实施细则或管理办法。总则中还重点明确了悬挂式单轨交通客运组织机构设置和部门职责。

（二）客运设施

车站客运设施主要包括导向标识、AFC 设备、自动扶梯、无障碍电梯、为乘客服务的设施、照明设备、空调设备等。分项规定在车站出入口、站台、站厅、换乘通道等处设置导向标识的具体要求,检查、维修、更新、完善要求,对 AFC 设备、其他客运设施设备进行经常性检查、维护、保养和定期检测的具体要求,站内商业摊点、广告的设置和材料的使用要求,按规定开关自动扶梯及无障碍电梯要求,为乘客服务的设施(如座椅、果皮箱等)检查、清洁要求,照明、空调设备使用要求。

（三）售票组织

自动售票机要保持运转正常,工作人员应及时更换票箱、钱箱及打印纸,保证零钞及车票储备充足。半自动售票要严格执行"一收、二唱、三取、四验、五找"的作业流程,准确、迅速地办理售、补票及充值业务。在客流高峰时段或突发性大客流时,应按需增开售票窗口,并指定专人维护秩序。遇有运力不足时,要适当控制售票速度并作好解释工作。特殊情况下依据票务相关规定发售预制票或应急票。

（四）检票组织

需人工检票时,必须认真执行"一看、二裁、三放行"的作业程序;自动检票时,必须认

真监控进出站闸机状态,合理组织引导进出站客流。对携带危害公共安全的物品进站的乘客,应当责令其出站;拒不出站的,移送公安机关依法处理。

(五)乘降组织

对在站台候车的乘客应做好宣传疏导工作,引导乘客在安全区域内车门两侧排队候车。车站设置有站台门,为确保安全,乘车时引导乘客不要拥挤或倚靠站台门。迎送列车,要精神集中、姿势端正,注意乘客动态和列车运行状态,发现异常情况及时报告车站值班员。列车启动后,防止敲门、扒门、追车等现象。列车车门、站台门关闭时应注意避免夹人夹物,严禁夹带运行。如果发现夹带运行,客运人员应立即设法通知司机或车站值班员,遇有危及行车及人身安全的紧急情况,应立即按动站台紧急停车按钮,并及时报告车站值班员。当换乘通道通行受阻时,车站工作人员应及时按照相关应急预案快速、有效处理,防止踩踏事件的发生。

(六)客运安全

站内、车内严禁携带易燃易爆、放射、腐蚀、剧毒等影响公共安全的危险品及容易污损车辆的物品。客运人员在工作中应执行"一班三检"制度,加强巡视,防止乘客和闲杂人员长时间逗留,并做好末班车后清站工作。注意乘客候车动态,发现可疑情况要及时采取措施,同时向公安部门通报。对客运人员要进行消防安全教育,使其熟悉本站各种消防器材的位置和使用方法,并做到定期检查,保证其处于良好状态。遇到火情时,应及时进行扑救,并向车站值班员汇报。

(七)服务质量

各站要利用各种宣传设施,宣传乘客须知及乘车安全注意事项。运营公司和各站对外公布的社会服务承诺,必须做到有诺必践、违诺必纠。努力提高服务质量,减少乘客投诉。同时建立投诉处理制度和信访制度,遵循"礼貌、负责、方便、有效"的原则,车站站长或值班站长负责此项工作。客服管理相关责任人应对每月产生的客服投诉认真调查,及时处理回复,并做好记录。对于有责投诉应追究相关人员责任,并采取改进措施。

(八)事故及应急处理

当车站突发事故时,要按照本站应急预案规定,做好相关客流组织工作。重点明确分岗位应急工作职责,主要包括值班站长、行车值班员、客运值班员、站务员、安检员、保安及车站其他工作人员。

（九）附录

附录包括《悬挂式单轨交通常用术语解释》《悬挂式单轨交通客运服务常用英语》（内容略）。

四、规则的严谨性、适用性、可拓展性分析

（一）规则的严谨性分析

根据规则制订计划的要求，为完成本规则，成立了规则起草工作组，负责开展规则的研究、调研、制定工作，确定规则制定工作方案。研究过程中进行了规则制定前的调研、资料收集整理，承担规则制定工作及征询意见等。本规则在起草过程中特邀中铁科工集团有限公司相关专家多次参与规则草稿的研讨和会审，充分征询专家意见，力争使规则更加清晰、简洁、实用。工作组研究讨论了规则的框架结构、涉及内容、调研内容等，按照工作计划组织人员走访了与悬挂式单轨交通相关的生产、设计、运营等单位，为制定本规则提供了充分依据。

（二）规则的适用性分析

工作组开展了广泛深入的调查研究，认真总结跨座式单轨交通运营管理的实践经验，参考有关国家和行业标准，坚持高标准、高质量、高水平的原则，按照国内实际情况，广泛征求意见，通过反复讨论、修改和完善，先后完成了初稿、征求意见稿、送审稿。充分体现满足预测的初期、近期、远期客流量运营要求的指导思想，反映当前的技术发展水平与初期、近期、远期运营规模要求。

（三）规则的可拓展性分析

在本规则起草过程中，多次征求各方面专家意见，工作组在各阶段详细、认真研讨每一条意见，按照程序要求进行了采纳或不采纳确认，充分体现科学性、先进性、实用性，为进一步拓展技术空间和与既有或规划中的其他公共交通便捷换乘创造了可拓展的空间。特别在事故及应急的规则设计中充分考虑了后期车站建设中可能产生的变化。

五、结束语

悬挂式单轨线路建成后,如何规范运营管理,如何高效完成客运组织工作,是必须考虑的问题。本规则的制定旨在保证悬挂式单轨交通车站客运组织工作的有序开展,规范实施车站日常客运服务,组织乘客安全乘降,及时、妥善处理轨道交通运营中发生的各类紧急情况。后期应根据客观条件的变化和实施中发现的问题逐步予以修改、完善。

参考文献

[1] 胡步毛,潘妍,鲁昭,等.我国首条悬挂式单轨试验线建设实践[J].都市快轨交通,2019,32(1).

[2] 赵阳.悬挂式单轨交通系统关键技术及适应性分析[J].铁道标准设计,2019,63(7).

[3] 于曰明.双流区单轨交通永安南至黄龙溪示范线制式方案研究[D].成都:西南交通大学,2018.

[4] 洪杰雄,孙强,徐金波.中国悬挂式单轨列车今年内有望在武汉试跑[EB/OL].http://hb.ifeng.com/a/20191104/7859020_0.shtml.

悬挂式单轨交通信号系统选型及成本控制策略

文豪 肖曼

(武汉铁路职业技术学院)

摘 要

悬挂式单轨交通(以下简称"空轨")因其特殊的轮轨关系,使其在城市接驳、旅游观光、特殊地段运输等方面具有独特的应用前景,引起了广泛关注,而工程成本是影响其投资应用的重要因素。本文以空轨信号系统为研究对象,首先从技术性和经济性两大方面对信号系统进行了比选,认为基于通信的移动闭塞式信号系统更适用于当前技术条件下的空轨运营线;然后以武汉地铁11号线东段信号工程成本分布情况为实例参考,从设备角度给出了适于空轨的信号系统具体成本控制方向和策略,主要有减少轨旁沿线设备量、优化控制接口、有效整合设备资源、灵活配置设备冗余、选择合适的车地通信方式等。

关键词

悬挂式单轨交通　信号系统选型　成本分布　成本控制

一、引言

空轨被认为是一种区别于传统轮轨系统的城市轨道交通,它起源于德国,目前已在德国、日本得到推广应用。

在国内,由于空轨在某些应用条件下具有相当的优越性,例如城市接驳、旅游观光、特殊地段运输等小运量应用,因此近年来受到了广泛关注,不少单位开展了空轨领域的

---

① 本文系武汉铁路职业技术学院专项委托科研项目(ZX2021009)的成果。

相关技术研究工作。国内目前已有成都、贵州、乐山、武汉等地完成了空轨项目的可行性研究甚至获得批复。青岛、武汉等地相继建成了空轨试验线,图1为江夏空轨试验线场景。

图 1　江夏空轨试验线场景

空轨信号系统与一般城市轨道交通(以下简称"城轨")信号系统在系统架构、控制理论、实现方法上基本一致。但当前城轨常用的信号系统成本较高,这对运量较小且以盈利为目标的空轨发展非常不利,加之空轨轨旁设备安装和维护空间狭小,因此需要综合考虑可行性和经济性来选择合适的信号系统制式,并且有针对性地进行设备调整和成本控制。

二、空轨信号系统适用类型比选

目前,轨道交通信号系统主要包括基于联锁的固定闭塞式信号系统、基于点式设备或数字轨道电路的准移动闭塞式信号系统、基于通信的移动闭塞式信号系统(CBTC信号系统)。以下从技术性和经济性两大角度讨论比较这三种信号系统的综合状况,选择当前适用性更好的信号系统。

(一)技术角度比较

本文将从系统组成、列车定位、车地通信、行车间隔、易实施性等技术角度,对上述三种信号系统类型用于空轨的场景进行简要比较分析。

基于联锁的固定闭塞式信号系统组成和功能简单,行车间隔最小能达到3分钟,可满足中低运量空轨的行车要求。但其实际应用于空轨时会面临一项重要的技术问题,即跨座式单轨列车通常采用胶质车轮,这使得常规的列车占用定位设备(计轴、轨道电路等)在工作原理上不契合空轨的轮轨关系,难以有效应用,存在一定技术壁垒。为缓解这一问题,需要对计轴设备进行改进,或者在钢梁面上预埋轨道环线来进行检测,整体实施起来非常不便。

基于点式设备或数字轨道电路的准移动闭塞式信号系统通过设置车载设备计算移动授权来进行间隔更小的列车追踪,但本质上仍未突破闭塞分区的限制。现场为了计算更精确、更安全的移动授权,往往需要增加计轴等设备密度进行列车占用定位,因此面临着和基于联锁的固定闭塞式信号系统一样的技术问题,甚至难度更大。

基于通信的移动闭塞式信号系统作为目前最先进的信号系统,各项技术指标均最好。其采用车地双向通信来计算移动授权,突破了闭塞分区限制。并且当前车地通信技术种类繁多,可以根据现场情况选择合适的方式将设备安装难度降至最小。

(二)经济角度比较

下面从初期投入成本、轨旁设备及施工量、维护成本、可扩展性等经济角度对上述三种信号系统用于空轨的场景进行简要比较分析。

基于联锁的固定闭塞式信号系统初期投入成本较低,但轨旁设备及施工量、运维成本均较高。

基于点式设备或数字轨道电路的准移动闭塞式信号系统初期投入成本要高于基于联锁的固定闭塞式信号系统,其轨旁设备及施工量、运维成本同样较高。

基于通信的移动闭塞式信号系统初期投入成本较高,但由于设备的先进性和灵活性,其后期运维成本反而较低,且具备较强的可持续发展性和扩展性。

(三)综合选型

从比较情况来看,基于点式设备或数字轨道电路的准移动闭塞式信号系统相对无优势,可先不考虑。

基于联锁的固定闭塞式信号系统适用于线路较长、车站较少、站间距大、能力需求中等及偏下、投资控制要求较高的城轨项目,但轨旁设备相对较多,一方面增加故障点和维护量,另一方面空轨区间通常采用轨道梁形式及三轨供电方式,这对轨旁设备的安装、维护造成较大影响。

基于通信的移动闭塞式信号系统相对更适用于空轨项目,不存在明显的技术壁垒。因此,从初期投资和远期发展来看,推荐选择基于通信的移动闭塞式信号系统作为当前技术条件下的空轨信号系统。后面将重点探讨分析如何控制该信号系统初期建设投入成本,实现投资管控。

三、空轨信号系统工程成本分布分析

由于空轨信号系统选型更倾向于 CBTC 信号系统,因此以武汉地铁 11 号线东段信号工程数据为例,分析 CBCT 信号系统的成本构成及分布情况,为成本控制策略提供数据基础。实际信号系统建设投资分为信号系统设备采购和信号系统设备安装工程两大部分。下面分析各部分的成本分布。

(一)信号系统设备采购成本分布

信号系统设备采购中,设备总价占比 83.6%、技术文件总价占比 1.2%、技术服务总价占比 15.2%。主要成本集中在具体设备方面,技术文件和技术服务费用主要依托具体设备而产生,因此主要分析对成本有显著影响的设备总价。继续将设备分为轨旁设备、车载设备、其他设备三大类。其中,轨旁设备成本分布见表1。

表1 轨旁设备成本分布

序号	设备类型	设备单价/万元	运杂费/万元	总成本/万元	设置情况
1	ATP/ATO 子系统	约 11.6	约 3.3	约 190	车站设置
2	ATS 子系统	约 14	约 2.9	约 119	车站设置
3	联锁子系统	约 197	约 40	约 1186	集中站设置
4	计轴子系统	约 69	约 22	约 1275	线路覆盖
5	DCS 子系统	约 43	约 8.9	约 261	集中站设置
6	车地无线通信子系统	约 29	约 5.9	约 1415	线路覆盖
7	维护支持终端等	约 3.7	约 0.77	约 60	车站设置

轨旁设备成本主要集中于联锁子系统、计轴子系统以及车地无线通信子系统。其中,联锁子系统主要指计算机联锁设备,具有核心知识产权,因此单价成本较高;而计轴子系统和车地无线通信子系统成本较高主要是因为需要全线分段覆盖。

车载设备仅指列车上的设备,其成本分布见表2。

表2　车载设备成本分布

序号	设备类型	设备单价/万元	运杂费/万元	总成本/万元	设置情况
1	控制处理设备	约27	约6.5	约1044	按列车设置
2	感应及显示设备	约5.8	约1.2	约211	按列车设置
3	通信设备	约17	约3.4	约519	按列车设置
4	接口及连接设备	约25	约5.2	约592	按列车设置

车载设备成本主要集中于控制处理设备、通信设备、接口及连接设备,主要和列车数量及冗余配置相关。

其他设备成本分布见表3。

表3　其他设备成本分布

序号	设备类型	设备单价/万元	运杂费/万元	总成本/万元	设置情况
1	培训设备	约569	约122	约784	1整套
2	车辆段信号设备	约402	约84	约1181	1整套
3	控制中心设备	—	—	约469	1整套
4	电源及UPS	约232	约47.5	约497	集中站设置
5	通用设备	约831	约170	约1001	线路覆盖
6	维修管理设备	约160	约33	约298	车站设置

其他设备成本主要集中于通用设备、培训设备及车辆段信号设备。

(二)信号系统设备安装工程成本分布

轨旁设备安装成本约为2270万元,车辆段设备安装成本约为1576万元,两者加起来占总安装工程成本的95%以上。其中,轨旁设备安装总成本由设备单价乘以工程量得到,详情见表4。

表4　轨旁设备安装成本分布

序号	设备分类	单价/万元	总价/万元	设置情况
1	室内机柜及终端安装	约26.5	约238	和车站数量相关
2	各类光电缆敷设及配线成端	约0.57	约830	线路区段覆盖
3	计轴轨旁设备安装	约0.6	约14	线路区段覆盖
4	车地无线通信轨旁设备安装	约0.5	约83	线路区段覆盖
5	继电器等用电器材安装	约2.6	约211	和联锁设备量相关

续表

序号	设备分类	单价/万元	总价/万元	设置情况
6	转辙机继电器等基础设备安装	约9.4	约785	和联锁设备量相关
7	其他零星小项	—	约109	—

轨旁设备安装中,各类光电缆敷设及配线成端、转辙机继电器等基础设备安装这两个项目施工成本较高。另外,车辆段设备安装成本分布实际上和轨旁设备安装成本大致类似,不再列表分析。

(三)CBTC信号系统成本分布总结

(1)信号系统设备采购成本与信号系统设备安装工程成本之比约为4.89∶1,信号系统设备安装工程成本和设备数量呈正相关。

(2)设备成本方面,联锁子系统、计轴子系统、车地无线通信子系统、控制处理设备和通用设备的成本较高。

(3)信号系统设备安装工程成本方面,各类光电缆敷设及配线成端、转辙机继电器等基础设备安装的成本较高。

四、适于空轨信号系统的成本控制策略

参考地铁CBTC信号系统设备安装工程成本分布情况,同时结合空轨的技术特点和实际应用场景,从设备角度给出适于空轨信号系统的成本控制策略。

(一)减少轨旁沿线设备量

CBTC信号系统中,轨旁安装的计轴、线缆及车地无线通信设备占据了较高成本。对于空轨而言,应尽量减少上述轨旁沿线设备的安装或者限制设备类型,一方面可降低初期建设成本,另一方面可减少后期运维成本。

车地无线通信设备是必需的,其成本控制策略稍后分析。这里主要建议在空轨CBTC信号系统中考虑取消计轴等列车区段占用检测设备及相关线缆盒安装设置。计轴等列车区段占用检测设备在CBTC信号系统里主要起到后备模式下列车占用定位的功能。由于CBTC信号系统支持在不设置反向信号机的情况下列车的双向ATO运营,因此为故障情况下的降级运营提供了灵活策略,使得计轴等后备模式下的功能设备并非必需。此外,在CBTC信号系统不可用的情况下,考虑到空轨运营压力较小以及故障应

急处置较为特殊,可由行车调度员会同车站值班员、信号值班员人工指挥列车继续运营。

(二)优化控制接口设备

目前,计算机联锁的所有接口条件设备基本采用信号继电器来充当电气接口,因此带来了较大的设备组合安装成本。鉴于当前计算机联锁设备的发展和应用,建议采用微电子或者 PLC 装置来集成控制接口,这样不仅可以降低传统电气接口控制设备的成本,还可以提升设备的集成度。

(三)有效整合设备资源

列车自动控制计算机类设备在信号设备成本中占有较大比重,可进行资源整合。由于计算机联锁设备、ATP/ATO 设备(区域控制器 ZC)均属于列车自动控制与运行设备,且计算机联锁设备可视为隶属于 ATP 设备的范畴之内,二者的设备制式和冗余要求基本相同。因此,可以考虑设仅配置一个列控 ATC 主机柜整合相关设备,由移动授权单元以及相关通信接口、电气接口组成。

(四)灵活配置设备冗余

考虑在满足基本安全要求下降低部分设备的冗余要求。例如,车载信号设备在地铁 CBTC 信号系统成本中占据了较大比重,这主要和列车数量及双端设置相关。而对于运营压力相对较低的空轨而言,在车载信号设备非必需的情况下可以考虑单端设置,然后设备自身则维持红(蓝)网冗余不变来保证次级安全性,以此减少车载设备成本。

(五)选择合适的车地无线通信方式

车地无线通信设备是 CBTC 信号系统所必需的支撑性设备,相应成本也较高。目前车地无线通信方式主要有感应环线、RF 系统、LTE 等。

常规的感应环线和 RF 系统应用较多,且需要占用较大的安装空间,因此不适合空轨的客观环境。

LTE 系统是城市轨道交通车地无线通信的发展趋势,性能最好,轨旁设备少且对安装空间适应性良好,但建设成本较高,不过后期运维成本较低。如果采用 LTE 系统,就要控制基站、漏缆等设备量。

基于 WLAN 的车地无线通信系统是 RF 系统中的自由无线方式,原理和 LTE 系统一致,主要是在轨旁设置无线接入点 AP 和定向天线,采用无线信号冗余覆盖,单个 AP

故障不会造成车地无线通信的中断。WLAN系统的特点是成本最低,采用既有运营商设备即可,主要缺点是容易受到干扰。要缓解该问题可从以下三个方面考虑:第一,申请抗干扰的专属频段;第二,采用通信方法降低开放信号的干扰;第三,增加轨旁无线AP的密度和冗余程度(会带来一定的成本增加)来加强无线覆盖。另外,对于空轨而言,应该根据梁型、限界段面、安装条件、维护需求,综合考虑轨旁无线设备的安装方式。

车地无线通信设备中,在以控制成本为主要目的的情况下首推基于WLAN的方法,其次为LTE系统。另外,根据城市轨道交通通信技术的发展趋势,车地无线通信在未来会逐渐被车车无线通信等先进技术所取代,用于移动闭塞控制。这是进一步提升系统安全性、降低设备复杂度、减少维护成本的必然要求。因此,待车车无线通信技术有成熟应用经验后,可考虑在空轨中予以应用,有助于减少信号系统设备安装工程成本。

五、结束语

本文从可用性和工程投资的角度出发,围绕悬挂式单轨交通信号系统选型及其具体成本控制策略展开研究,得出以下结论:

(1)优先选择CBTC信号系统作为当前技术条件下的空轨信号系统;

(2)采用减少轨旁沿线设备量、优化控制接口设备、有效整合设备资源、灵活配置设备冗余、选择合适的车地无线通信方式等作为适于空轨信号系统的成本控制策略。

参考文献

[1] 余浩伟,徐银光,李涛,等.悬挂式单轨交通在国内的适应性研究[J].铁道工程学报,2019,36(4)

[2] 蒋先进,文成祥,穆红普,等.计轴设备在重庆单轨交通三号线的应用方案研究[J].铁路通信信号工程技术,2008(3).

[3] 陈丽君.跨坐式单轨信号系统研究[J].城市轨道交通研究,2016,19(S2).

悬挂式单轨交通运营安全保障机制研究

赵义军

(武汉铁路职业技术学院)

摘　要

本文提出了悬挂式单轨交通制式的基本特点,对比分析了其优势,指出了研究悬挂式单轨交通运营安全保障机制的现实意义。结合轨道交通运营的特点,分析了悬挂式单轨交通运营安全的影响因素,即人为因素、设备因素和环境因素。然后分析乘客在系统中的移动模式,研究了悬挂式单轨交通系统中全过程、全要素的运营安全保障机制的组成部分,并指出了其安全保障机制建设的重点。

关键词

悬挂式单轨交通　运营安全　保障机制

一、引言

悬挂式单轨交通(以下简称"空轨交通"),是一种轻型、中速、中运量、低成本的新型公共交通方式,通过车辆上部的走行布置于开口箱型的轨道梁内,车辆悬吊在轨道梁下方,来实现安全、平稳行驶。与地铁、轻轨、有轨电车等轨道交通相比,空轨交通将地面交通移至空中,充分利用了城市空间。在景观协调方面,空轨交通容易与城市形成有机融合,减少对城市的割裂,保证了整体空间的流畅。目前,全球范围内只有德国、日本掌握空轨交通技术,有着成熟的商业运营。近年来,国内逐渐兴起了空轨交通研究和建设的热潮,随着相关设计和运营标准的积累与完善,空轨交通凭借其独特的优势,势必会得到广泛的应用。在此背景下,本文研究空轨交通运营安全保障机制,具有现实意义。

二、影响空轨交通运营安全的因素分析

当前随着物质生活水平的日益提升,人们由注重交通出行的便利性逐渐转变为注重出行安全和质量。地铁作为日常出行的重要交通工具之一,给人们的出行带来了方便,但同时出现故障较多,也引起了社会的广泛关注。究其原因,影响地铁运营安全的因素主要包括人为因素、设备因素和环境因素。空轨交通作为一种新型轨道交通,其运营安全的威胁也主要来自这三大因素。

(一)人为因素

运营单位要注重提高运营人员的安全意识,加强安全技能培训。人的安全意识不是头脑里固有的,而是有安全思想作指导,学而知之,学而用之。相关从业人员首先要学习安全知识,提升安全操作技能,把安全变为每个人生产全过程中的自觉行动。

(二)设备因素

和地铁一样,作为行业技术装备水平的重要标志,运营设备是空轨交通运营的重要组成部分,是企业赖以正常生产运营和参与同业竞争的物质技术基础。设备好则运营效率高,绩效好,如果设备质量低下、规格不符,以及性能不达标等,则会造成系统控制失灵等问题,从而导致安全事故。

(三)环境因素

广义来看,环境因素包括系统内部环境,比如影响员工责任意识和安全意识的政治、文化环境,员工作业环境,以及站台、站厅、照明、噪声、湿度、温度等。同时,也包括系统所处的外界环境,如水灾、雨雪极端天气、地震、地质灾害等。要降低运营风险,就要尽可能地从内部环境和外部环境两个层面同时着力,既重视内部环境的科学管控,又时刻关注外部环境的变化,通过创新安全管理手段,及时识别出危险源,为运营安全提供全方位的保障。

三、空轨交通运营安全保障机制的组成

空轨交通运营安全保障机制是为空轨交通运营期间的系统安全性提供支撑,起到防

卫和保护作用的方法和运作方式的总和,是空轨交通运营安全管理的核心部分。针对影响空轨交通运营安全的人为因素、设备因素和环境因素,结合乘客在系统中的移动模式,建立空轨交通系统中全过程、全要素的运营安全保障机制。一般来说,空轨交通运营安全保障可分为组织保障、制度保障、流程保障、跟踪保障四个方面。

(一)组织保障

组织保障主要包括安全生产管理机构的保障和安全生产管理人员的保障,是贯彻落实安全生产方针、负责日常安全检查与各种安全整改的主体,是确保系统或网络正常运行的核心。在空轨交通运营生产过程中,只有强化组织保障,严格执行安全生产的法律法规和管理规定,落实安全生产责任制,做到人员到位、责任到人,安全生产管理工作才能始终处于受控状态,系统才能保持正常运行。

(二)制度保障

制度是共同遵守的办事规程或行动准则,是安全生产管理最好的保障。建立安全生产管理制度,保障安全生产,目的主要是控制风险,将危害降到最低,有效加强劳动保护,改善劳动条件,防止和减少生产安全事故的发生。安全生产管理制度是运营单位运输安全生产管理中最基本、最核心的制度。

(三)流程保障

包括地铁、空轨交通在内的轨道交通运营基本都采取以乘客为中心的流程式运营管理模式,通过乘客价值驱动来构建管理框架,其目标是为乘客创造价值的同时实现企业经济和社会价值的最大化。乘客进站—购票—进闸—候车—乘车—下车—出闸—出站是运营安全保障的重要环节,每一个环节的安全隐患都不容忽视。运营管理工作作为一个系统工程,在具体各项作业的决策—指挥—协调—运作—调整—决策闭环内,必须保障各个流程畅通,形成面向乘客、安全高效的运营服务体系。

(四)跟踪保障

空轨交通运营系统是由多模块子系统组成的复杂系统,其运行的稳定性通常需要一段时间的观察和测试,安全技术人员要做好运行跟踪和问题处置,变被动安全保障为主动安全保障,最大限度地提高系统整体的安全性。

四、空轨交通运营安全保障机制建设的重点

如前所述,国内空轨交通运营尚无成熟的经验作参考,对运营安全保障机制建设要始终坚持"安全第一、预防为主"的方针,贯彻"以人为本、安全发展"的理念,采用"防御和救援相结合"的原则,积极依靠科技支撑,一方面增强日常运营过程中的安全管控,另一方面全力做好应对突发事件时的应急处置,厚植全过程、全周期的安全生产文化。空轨交通运营安全保障机制建设的重点主要包括以下几个方面。

(一)安全宣传教育要先行

采用全媒介、多渠道的形式,向运营范围内的乘客发布各类消息,使乘客了解空轨交通的相关知识和乘坐出行的安全注意事项,倡导安全文明出行,增强公众出行的安全意识,同时注重提升公众在突发事件中的安全防护能力和应对能力。

(二)安全集成化管理是关键

事实证明,安全就是效益,安全生产是运营之本。随着信息技术的发展,公共交通运营单位不断加大安全信息平台建设的投入,各种信息平台在交通运营管理领域应运而生,信息管理集成化发展是方向。智能安全信息管理平台以现有的信息化子系统为基础,开辟各系统间的数据通道,对分散的业务数据进行整合,采用先进的大数据、智能化、自动化、移动互联网等技术,基于全过程和全要素建立运营安全风险数据库,通过流量采集、安全分析,发现系统环境中存在的危险,并对危险源可能造成的威胁进行响应与处置,极大地提高安全响应效率和安全事件处置水平。

(三)安全应急管理机制需健全

紧急情况下,实施安全应急是为了应对运营过程中的突发事件,涵盖预防、预警、应急准备和应急响应等工作。运营单位须提前做好应对各类灾害的综合和专项应急预案,筑牢安全底线,加强应急联动。一旦发生了运营突发事件,空轨交通运营单位能够依据相关预案标准启动响应方案,在单位内部各部门之间启动快速反应机制,或者与公安、消防、卫生、医疗等单位实施应急联动救援。除此之外,空轨交通运营单位还要提升预警能力,对于自然灾害能够做到主动预防,在灾害发生前做好相应的准备工作,在灾害应急处置过程中能够调动社会资源,借助相关部门的力量积极有效地应对自然灾害。

五、结束语

本文从分析空轨交通的优势出发,参考影响地铁运营安全的要素,提出建立空轨交通运营系统中全过程、全要素的运营安全保障机制可分为组织保障、制度保障、流程保障、跟踪保障四个方面。最后提出空轨交通运营安全保障机制建设的重点主要包括安全宣传教育要先行、安全集成化管理是关键和安全应急管理机制需健全等方面。

参考文献

[1] 杨海强,吴婉诗,张翔.地铁运营安全风险分析[J].现代商贸工业,2016,20(3):73-78.

[2] 曾晖.南京地铁流程式运营管理模式研究[D].大连:大连海事大学,2011.

[3] 周荣祥,郭湛.功能系统分析技术在铁路交通事故分析中的应用[J].铁道运输与经济,2009,31(10):23-26.

悬挂式单轨交通通信设备运维技术研究

● 黄 瑞

（武汉铁路职业技术学院）

摘 要

通过分析国内悬挂式单轨交通通信系统的特点及维修需求，探讨悬挂式单轨交通通信系统室外设备的检测维修内容，提出了采用基于光纤监测、图像识别和智能分析等技术的导轨智能巡检机器人对室外通信设备进行巡检维护的技术方案，实现对通信设备维护的自动化与人工辅助相结合的智能巡检、维修作业，有助于改变目前悬挂式单轨交通通信设备的维护方式。

关键词

悬挂式单轨交通 通信系统 智能 维护

一、引言

悬挂式单轨交通系统（以下简称"空轨"，见图1）在我国是一种全新的中低运量轨道交通系统。该系统将地面交通移至空中，车辆悬吊在轨道梁下方，充分利用了城市空间，节约了宝贵的地面交通资源，缓堵效果明显。目前，武汉、成都、贵阳、开封等多个城市和景区，已开展了悬挂式单轨交通系统建设。随着越来越多的悬挂式单轨交通系统的运营，运维技术和运维设备也将逐步发展和完善。

由于空轨的集成度高，线路所有设备均设置在轨道梁内部或者周围，造成人工维护极为不便：轨道梁内部空间极小，一般轨道梁内净空约1250 mm×780 mm，人员基本无法在内部行走，不利于作业人员步行开展巡检和维修作业；轨道梁的外底部、两外侧面、外顶面、强电电缆、弱电电缆、信号灯等附属设施设备人工巡检较为不便。针对悬挂式单轨交通系统维护难度大、维护效率低等问题,国内外尚无相关解决方案。本文以悬挂式单轨交通通信设备的维护内容为基础,采用光纤监测、图像识别和智能分析等技术,以"降成本、提效率、保安全"为目的进行通信设备运维技术研究,实现对通信设备维护的自动化与人工辅助相结合的智能巡检、维修作业,有助于改变目前悬挂式单轨交通通信设备的维护方式,为悬挂式单轨交通系统的智能运维提供方法。

图1 悬挂式单轨交通系统

二、悬挂式单轨交通通信系统的特点

悬挂式单轨交通通信系统与传统地铁通信系统相比,在业务承载、建设规模、工程造价等方面都有较大的区别,对维修模式应根据其自身的特点与实际情况来进行研究。悬挂式单轨交通通信系统的特点如下。

(1)悬挂式单轨交通通信系统的业务承载量远低于地铁通信系统。地铁通信系统一般包括传输系统、公务电话系统、专用电话系统、无线集群通信系统、闭路电视监控系统、有线广播系统、时钟系统、乘客导乘信息系统、电源与接地系统、地铁公共覆盖系统等,而悬挂式单轨交通通信系统可根据实际情况来灵活设置相应的业务子系统。

（2）悬挂式单轨交通通信系统的建设规模远小于地铁。已建成或在建的空轨线路长度一般不高于20km，且站点较少，通信设备较少，远低于国内地铁的建设规模。

（3）悬挂式单轨交通通信系统维护人员专业素质较低。悬挂式单轨交通系统作为低运量系统，其维护成本远低于地铁，而且悬挂式单轨交通系统运营时间不长，维护经验不足，难以锻炼和培养较高专业素养的维护人员。

（4）悬挂式单轨交通通信系统的结构（见图2、图3）造成维护人员现场巡检极为不便。其空间狭小，人员基本无法在内部行走，需要进行高空作业，作业人员开展巡检和维修作业的效率较低。

图2　悬挂式单轨交通线路

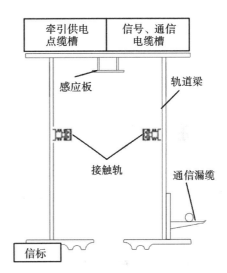

图3　轨道梁设备安装布置图

因此，需结合悬挂式单轨交通通信系统的特点研究建立适用于悬挂式单轨交通通信系统的合理、经济、高效的维修体系，不能照搬地铁的维修模式。随着科技的进步，设备自动化和智能化水平的提高，悬挂式单轨交通通信系统维修体系应能满足线上检测、巡检作业自动化的需求。

三、维修对象

悬挂式单轨交通通信系统主要包括室外设备和室内设备两部分。室内设备基本都在机房，便于维护。而室外设备（光缆、漏缆、无线天线）主要敷设在轨道梁上，维护人员很难进行现场检测和维护。因此检测和维护对象主要包括室外光缆、漏缆和无线天线设备。

（一）光缆

光缆在通信系统中是一种传输介质，光信号可在光缆中进行传输。在悬挂式单轨交通通信系统中，光缆是用于连接各个传输节点设备的通信线路。悬挂式单轨交通通信系统的光缆一般敷设于轨道梁顶部的通信电缆槽内，与区间内的每个车站设备进行连接，从而使整条线路的通信设备成为一个通信网络。

由于光缆安装在轨道梁顶部的通信电缆槽内，在维护检修时，需要维护人员通过检修车爬到轨道梁顶部，打开通信电缆槽后才能进行检修，平时维修作业相当困难，工作强度较大。

（二）漏缆

漏缆是漏泄同轴电缆的简称，具有信号传输作用，又具有天线功能，通过对外导体开口的控制，可将受控的电磁波能量沿线路均匀地辐射出去及接收进来，实现线路的电磁波覆盖，以达到移动通信畅通的目的。

在悬挂式单轨交通通信系统中，漏缆一般位于轨道梁外最接近车体的侧壁上，并且全线贯通（见图4）。在检测和维护过程中需要采用升降车进行作业，安全隐患较大，而且检修速度较慢，效率较低。

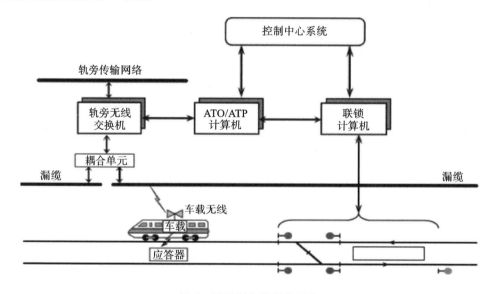

图 4　采用漏缆的通信系统

(三)无线天线

无线天线(见图 5)是用于无线电波发射和接收的设备,在悬挂式单轨交通通信系统中用于列车与地面控制中心的无线通信。在悬挂式单轨交通通信系统中,无线天线一般安装在沿线的桥墩上或采用专用铁塔安装。目前无线通信技术可以选用 WLAN 和 LTE 两种比较成熟的技术,轨旁无线设备及天线的间隔一般在 400 m 左右。由于线路上的轨旁无线设备及天线数量较少,其安装和维护工作量较小。从安装维护方面分析,无线天线虽然用量不多,但是其安装在沿线支撑轨道梁的桥墩上,还需要连接电源线、数据线和射频电缆,平时的维护检修比较困难。

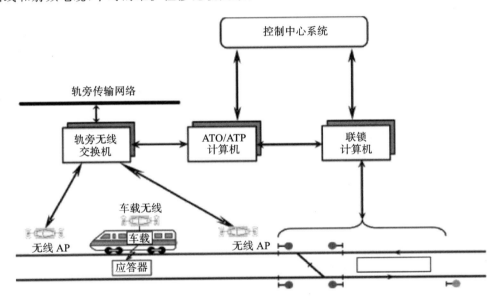

图 5 采用无线天线的通信系统

四、检修内容及检修方案

(一)检修内容

参照铁路和地铁的通信系统维护要求,结合悬挂式单轨交通系统特有的建造方式和运维要求,分析出悬挂式单轨交通通信系统的室外设备的检修内容。

1. 光缆的检修内容

(1)查看光缆位置是否正确。

(2)查看光缆是否破损、变形、被挤压、漏油。

(3)查看光缆是否绑扎固定。

(4)测试光缆平均衰耗:经光源、光功率计、OTDR测试,达到每千米平均衰耗<0.3db。

(5)检查通信电缆槽有无脱落、歪斜、折断及严重锈蚀。若有,则及时固定、更换,达到电缆托臂无脱落、无歪斜。

(6)用专用风筒对破损光缆用热缩管进行封套或重新接续,达到光缆完好无破损。

2. 漏缆的检修内容

(1)查看漏缆外观是否破损。

(2)查看漏缆接头处是否紧固。

(3)查看漏缆接头是否积水。

(4)查看漏缆接地线是否接地。

(5)查看漏缆防雷模块是否完好。

(6)查看漏缆是否都平放在漏缆支架上。

(7)查看查看漏缆支架是否牢固。

(8)查看漏缆线卡是否牢固。

(9)查看支架是否脱落。

(10)测试漏缆场强:用场强仪对全线漏缆场强覆盖值进行测试,查看其是否符合标准值。

3. 无线天线的检修内容

(1)查看天线接头是否破损、脱落。

(2)检查天线接头是否牢固、有无破损,天线有没有倾斜。

(3)检查天线及接头连接是否牢固,接头处是否有破损,接头处是否漏水。

(4)天线驻波比测试:用频谱分析仪测试各天线驻波比是否在1.5以内。

(二)检修方案

根据以上的检修内容可知,对室外的光缆、漏缆和无线天线的检修主要分为两类:一类是对设备的外观检查;另一类是对设备的参数测试。对设备的外观检查主要是通过现场人工检查,但是对敷设在轨道梁上的设备,人工检查非常困难,而且效率较低。对于设备的参数测试,是通过专用的仪器来进行。比如,光缆的衰耗测试是通过 OTDR 来进行,漏缆和无线天线的场强测试是通过场强测试仪来进行。如果出现故障,则需要维护人员到现场进行处理。

根据维修内容、目前技术现状以及设备状态等因素,本文提出采用智能巡检机器人来代替人工巡检,突出"无人化、自动化、智能化",达到低成本、快捷、高效的目标。

智能巡检机器人可以在一条导轨上进行移动,包括走行系统、动力系统、无线通信系统、蓄电池、CCD 工业相机、补光灯、设备仓等。通过智能巡检机器人来完成对室外光缆、漏缆和无线天线的巡检。

智能巡检机器人对光缆的巡检过程如图 6 所示。在光缆敷设时,在通信电缆槽内部安装一条导轨,用作智能巡检机器人的走行线路。智能巡检机器人可以通过车辆基地内的检修平台进入轨道梁顶部的通信电缆槽内,通过自动行驶和工业摄像机的持续拍摄,智能巡检机器人可以把通信电缆槽内部的光缆情况全部拍摄一遍,对获得的图片进行图像增强、滤波、二值化及图像分割等预处理,再利用基于均值与方差的检测方法对图像缺陷进行识别,并与机器人的移动距离进行关联,确定故障点的位置。

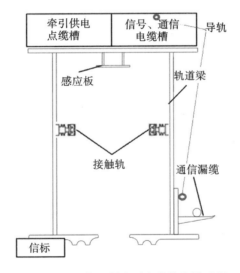

图 6 智能巡检机器人对光缆的巡检过程

对漏缆和无线天线的巡检过程如下。在漏缆的上部安装一条导轨,用作智能巡检机器人的走行线路。由于需要对无线场强进行测试,可以在智能巡检机器人的设备仓放置一台无线场强测试仪,用于测试线路上的无线信号强弱。智能巡检机器人可以通过车辆基地内的检修平台进入导轨,通过自动行驶、工业摄像机的持续拍摄以及场强测试仪的持续测试,智能巡检机器人可以把整个线路的无线信号和图片全部采集。通过无线信号的强弱变化、图形的识别以及智能巡检机器人的移动距离进行关联,确定故障点的位置。

五、结束语

本文结合国内悬挂式单轨交通通信系统的特点及维修需求,分析了通信系统的室外设备维修内容,提出了采用智能巡检机器人的室外设备维修技术方案,实现对通信设备维护的自动化与人工辅助相结合的智能巡检、维修作业,有助于改变目前悬挂式单轨交通通信设备的维护方式,为悬挂式单轨交通系统智能运维提供参考。

参考文献

[1] 李芾,杨阳.城市自导向胶轮电车技术特点与应用[J].西南交通大学学报,2016,51(2):291-299.

[2] 曾晨.基于旅游线的悬挂式单轨车设计研究[D].成都:西南交通大学,2017.

[3] 张蛟,韩姗姗.基于旅游观光的悬挂式单轨车站设计[J].中国高新科技,2018(5):68-70.

[4] 张峻领,张茂帆,王孔明.悬挂式轨道交通车辆检修工艺及装备研究[J].现代城市轨道交通,2016(5):27-31.

[5] 寇峻瑜,余浩伟,李忠继,等.悬挂式单轨空、重车线路动力学响应分析[J].铁道标准设计,2019,63(7):62-71.

悬挂式单轨列车转向架技术研究

黄 华

(武汉铁路职业技术学院)

摘 要

悬挂式单轨(以下简称"悬轨")交通具有占地少、车辆编组灵活、制造工期短、成本较低等特点。目前制约悬挂式单轨交通的关键技术之一是悬轨转向架技术。本文根据国内外目前使用的悬轨转向架技术,结合轨道交通行业的技术标准,充分考虑机械结构张力、关键部件的承载能力,重点研究了悬轨转向架的框架结构、牵引技术、制动技术、整体稳定性。同时研究了新技术在悬轨列车转向架上的应用,例如橡胶轮胎、减振装置的应用。这些新技术的应用对于悬轨转向架的性能具有隔振作用,轨道激励不干扰乘客乘坐,车辆运行平稳性更好。

关键词

悬挂式 轨道交通 转向架

一、引言

目前,城市轨道交通发展迅速,除了地铁、有轨电车、公交等传统方式,目前悬挂式单轨列车作为新的交通运输方式运用较多。悬轨式单轨列车具有线路灵活、占地面积少、列车编组方式多样、制造成本较低、建设工期短等特点。

悬轨列车目前已经在不少地区推广使用,主要用在中小城市,如景区旅游观光线路等。目前悬轨列车的发展还存在部分技术问题,制约悬轨列车发展的关键技术之一是悬轨转向架技术。在此背景下,本文分析当前悬轨转向架技术,结合轨道交通行业的技术标准,详细探索了适用于悬轨列车的转向架技术。充分考虑机械结构张力、关键部件的承载能力等,重点研究了悬轨转向架的框架结构、牵引技术、制动技术、整体稳定性。同时研究了新技术在悬轨列车转向架上的应用,例如橡胶轮胎、减振装置的应用。本文进行悬轨列车的转向架创新设计,并对其运行状态做仿真分析研究,对转向架模型进行动力性能评价。

二、悬轨列车转向架整体设计

(一)悬轨列车转向架设计的基本要求

目前传统的轨道交通转向架技术已基本成熟,主要运用于电力机车、城轨车辆等,但是对悬轨列车转向架技术的研究不多。本文要研究适用于悬轨列车的转向架技术,关键技术点集中于悬轨转向架的框架结构、牵引技术、制动技术、减振技术等。

悬轨列车的转向架技术标准要求:轮轨接触良好,达到最佳黏着系数,稳定在最佳黏着状况下,轴重转移小;轮轨间振荡特性好,减少轮轨动作用力;结构简单,部件越少越好;可靠性高,保养维护简单;零部件材质统一,质量轻。

(二)悬轨列车转向架的整体结构

悬轨列车转向架整体结构如图1所示,主要包含牵引动力装置、制动系统、转向系统等。牵引动力装置用于为悬轨列车提供牵引力,使车辆能够快速达到要求速度。制动系统提供制动力矩,迅速降低车辆速度。制动系统在轮毂内,目前主要有盘式制动和鼓式制动两种制动方式。转向系统用于轨道车辆换向,使悬轨列车能够按照要求进入正确的线路。

悬轨系统装置下部通过高强度螺栓和车体顶部连接,悬轨系统装置上部通过销轴与连接器装置连接。中心轴装置中部装有关节轴承与架体相连接以承受水平载荷,中心轴装置上部装有球面垫通过枕梁压在空气弹簧上承受垂直载荷。中心轴既可以轴向上下移动、轴向旋转,又可以前后、左右摆动。当车厢上下振动、左右摇摆或前后晃动时,中心轴压着空气弹簧可上下移动、左右摇摆或前后晃动,这样既可缓冲车厢的振动,又可大大减轻中心轴及悬挂装置销轴的载荷,架体上设有前后、左右机械限位块以限制车厢晃动幅度,保证行驶平顺性。

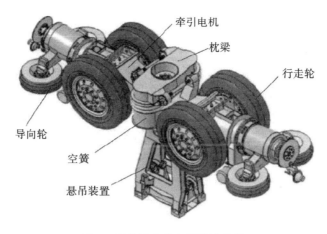

图 1 悬轨列车转向架整体结构

三、悬轨列车转向架关键部件设计

（一）转向架框架结构设计

本文中的转向架框架结构采用整体焊接技术，形成先进、安全、可靠的框架结构，使用低合金高强度钢板作为主要材料。在正常使用条件下，构架的使用寿命长达 30 年。

转向架框架结构（见图 2）是支撑转向架各部件的基础。本文中的转向架框架采用对称长方形结构，在框架中间安装中心轴，在外侧各留有安装减振装置的孔位；同时，导向轮通过螺丝固定于转向架框架结构的前后两端。在转向架框架结构上还布置了限位止挡装置。

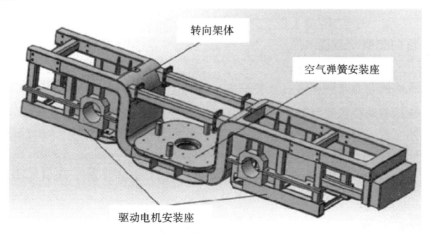

图 2 转向架框架结构

（二）转向架动力装置

牵引动力装置用于为悬轨列车提供牵引力,使车子能够快速达到要求速度,同时具有良好的速度曲线。目前常用的驱动方式有两种:一是中置电机驱动;二是轮毂电机驱动。两种驱动方式各有优缺点。中置电机驱动运用较多,技术成熟,成本较低,但是这种驱动方式使得转向架的整体质量和体积变大,且牵引力效率较低。轮毂电机驱动方式中整体传动结构简单,但是成本较高,而且稳定性不够好。中置电机驱动方式中的动力输出经过电机再到减速器,然后通过差速器,最后传递到轮胎。轮毂电机驱动方式通过牵引电机直接驱动橡胶轮胎。转向架驱动方式比较,可用图 3 来表示。在直接驱动方式中,电机直接连接到橡胶轮胎上。在间接驱动方式中,电机放于中间,M 是永磁同步电机,F 是减速器,D 为差速器。对两套装置的各项参数进行计算,以便对驱动电机进行选型。由于悬轨列车的运动模式与电动汽车类似,所以我们采用电动汽车的计算方法对转向架驱动传动系统进行设计。

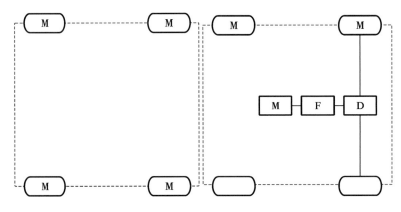

图 3　转向架驱动方式比较

（三）转向架制动装置

轨道车辆的制动系统关系到旅客的安全,因此显得尤为重要。在设计制动系统时,第一步是选择制动装置的类型。目前主要采用两种制动方式:一种是盘式制动;另一种是鼓式制动。盘式制动是在轮轴上安装有制动盘,在车辆施行制动时,通过液压推动制动钳,使得制动钳上的制动片夹紧制动盘,产生摩擦力,最后使列车停下来。鼓式制动是安装一个制动鼓和制动蹄,当施行刹车动作,制动蹄附属在制动鼓两端,依靠摩擦力达到制动效果。

通过两种制动方式的原理分析,可以得到两种制动方式有各自的适用范围。盘式制动常见于中小型车辆,鼓式制动常见于大型车辆。盘式制动结构简单,尺寸紧凑,易于维修保养,制动距离易于调节,响应速度快,使用范围广,同时因为制动盘和制动片接触面积较大,便于散热;鼓式制动造价低,同样尺寸下,提供的制动力更强,使用寿命较长。在不同路况下,鼓式制动力矩变化大,不利于刹车,同时保养频繁,经常调校制动蹄的间隙,保养周期短,维护保养手续比盘式制动烦琐。综合考虑各种因素,悬轨列车主要用于客运,车辆编组较少,质量较轻,同时要求的制动响应时间较短。为了达到刹车距离越短越好的要求,盘式制动更适合悬轨列车。

(四)转向架转向装置

当前,悬轨列车主要是通过道岔来改变运行方向。这种方式需要有大量的自动化设备,比如转辙机等,而且需要改变轨道结构,维护保养较复杂。使得整个悬轨列车系统比较复杂,而且器件越多,故障发生频率越高。另外,在转向过程中,当悬轨列车经过道岔时,传统道岔的缝隙导致列车运行受到极大的冲击,因此影响乘客体验,尤其用于观光线路的悬轨列车上的乘客体验较差。因此本文提出利用转向架自身的结构来改变悬轨列车的运行方向。这样可使轨道设计与安装难度降低,并且整个悬轨列车系统变得更加简洁,因此可明显提升悬轨列车的通行效率,并降低道岔缝隙对于轨道车辆的撞击,提高悬轨列车的使用寿命,提升乘坐舒适度。

(五)转向架减振装置

转向架减振装置关系到悬轨列车的整体稳定性及乘坐舒适度。为了避免悬轨列车在运行过程中的振荡,本文提出了悬轨列车的转向架减振方法。主要通过悬轨系统的减振结构来实现,主要由弹簧、减振结构、定位结构、支撑杆、橡胶材质定向轮等器件组成。当列车车体摆动幅度超出稳定范围时,定向轮与轨道接触,支撑杆由于定向轮受力而向减振弹簧一侧运动,压紧弹簧,从而吸收由定向轮与轨道接触而产生的冲击力,减轻轨道列车轿厢的振荡。

四、结束语

本文重点研究了悬轨转向架的框架结构、牵引技术、制动技术、整体稳定性,以及新技术在悬轨转向架上的应用。并分别对关键技术开展深入研究,通过悬轨列车转向架关键技术的研究分析,可以确定悬轨列车转向架的技术要求以及各关键部件的选择方案。从而完成驱动传动装置的选型、制动装置的选型、转向装置的设计及减振装置的设计。

参考文献

[1] 王春.PRT交通系统在我国城市中的应用研究[D].北京:北方工业大学,2010.
[2] 桑文波.跨座式单轨车辆转向架构架结构优化设计[D].重庆:重庆交通大学,2013.
[3] 杨世春.电动汽车设计基础[M].北京:国防工业出版社,2013.
[4] 陈志辉.悬挂式空铁车辆动力学建模及振动特性分析[D].成都:西南交通大学,2018.
[5] 李定南.国内外悬挂式单轨列车的发展与展望[J].国外铁道车辆,2017,54(3).

悬挂式单轨交通信号系统关键技术及运营维护标准研究

李 波

(武汉铁路职业技术学院)

摘 要

悬挂式单轨交通是一种中低运量的新型交通方式,具有工程造价低、建设周期短、地形适应能力强、安全性能高、运营灵活、绿色环保、景观效果好等优点。悬挂式单轨的结构特点及运营方式要求信号系统应结构简单且安全可靠,尽量减少轨旁设备,设备主要位于控制中心,站间轨旁设备主要是道岔区域的信号机和无源信标。信号系统应包括TIAS、ATC、MMS、DCS等子系统,并应能与车辆、道岔、通信、电力监控、防灾报警、环境监控、站台门等接口。轨道梁内部空间狭小,不便于人工维修,应采用自动化、综合化维修模式,可使用内部智能巡检车和外部综合检修车辅助维修。

关键词

悬挂式单轨 信号系统 运营维护

一、引言

悬挂式单轨交通系统(以下简称"空轨")是我国新兴的一种中低运量的轨道交通系统,该系统的轨道由钢筋柱或混凝土柱支撑在空中,车辆悬挂在轨道梁下方,如图1所示。悬挂式单轨交通具有工程造价低、建设周期短、对地形地貌适应能力强、安全性能高、景观效果好等优点。但受限于建设规模、盈利能力和自身结构等因素限制,其技术条件和运营要求和地铁有很大不同。

悬挂式单轨交通系统主要由轨道梁、车辆、控制系统及车站等组成,将轨道床、轨道、

图 1　悬挂式单轨交通系统

通信、信号等设备全部集中在一条轨道梁内,集成化程度较高。其发展潜力较大,尤其是在中小城市和旅游景区,会成为解决交通难题的优选方案。

二、悬挂式单轨交通系统的特点

悬挂式单轨交通系统的轨道位于列车上方,由钢柱或水泥立柱支撑在空中,具有不少优点。

(1)工程造价低。悬挂式单轨交通系统的技术经济指标为 1.5 亿元～2.0 亿元/正线 km,建设成本约为地铁工程的 1/4,和有轨电车相当。

(2)建设周期短。悬挂式单轨交通系统的控制性工程为桥梁工程,同其他形式轨道交通相比,工程量较小,且桥梁工程中部分部件可工厂化预制,现场拼装,建设工期仅为地铁的 1/3。

(3)地形适应能力强。封闭式轮轨结构使车辆爬坡能力强、转弯半径小,能适合不同地形地貌,线路规划灵活。例如,对称悬挂胶轮型单轨,最大坡度达到 100‰,约是其他制式轨道交通的 2～3 倍,最小曲线半径可达 30 m。

(4)安全性能高。悬挂式单轨交通系统拥有独立路权,走行轮和导向轮始终在封闭箱形轨道梁内部,安全性较高。

(5)运营灵活。车辆可根据客流量灵活编组,封闭式轮轨可避免积雪结冰,系统能全天候运营。

(6)绿色环保。列车采用电力驱动,零碳排放,胶轮可减少噪音。

(7)景观效果好。列车行驶于空中,视野开阔。

三、悬挂式单轨交通信号系统要求

悬挂式单轨交通的轨道和车辆同钢轮钢轨系统有很大区别,传统的 CBTC 系统结构复杂、维护困难、成本较高。因此,在满足安全运营的条件下,可配置降级系统。

悬挂式单轨交通信号系统应遵循以下原则。

(1)信号系统应由集成于综合调度自动化系统的行车指挥和列车运行控制设备组成,应设故障监测设备、报警设备及维护管理设备。

(2)信号系统采用的器材、设备和技术指标应符合国家现行相关标准。

(3)信号系统应具有高可靠性、高可用性和高安全性。

(4)信号车载设备不得超出车辆轮廓线,信号轨旁设备不得侵入设备限界。

(5)信号系统应满足环保要求并具有良好的电磁兼容性。

(6)信号系统宜采用完整的列车自动控制系统。

(7)信号设备宜与沿线的景观相协调。

(8)信号系统宜具备与线网内其他相同制式线路信号系统互联互通的能力。

(9)信号系统可根据悬挂式单轨交通系统的自动化要求达到适配的自动化运营等级。

(10)信号系统应根据国家相关法律法规的要求对系统实行信息安全等级保护措施。

信号系统应包括下列主要子系统:综合调度自动化系统的行车指挥子系统(TIAS)、列车运行控制子系统(ATC)、维护管理子系统(MMS)、数据通信子系统(DCS)。信号系统宜采用基于通信的连续式列车控制方式,并宜采用移动闭塞制式。当采用非连续式列车控制系统时,应具有有效的防止列车闯道岔非开通位的防护措施。

列车驾驶模式应包括全自动驾驶模式、列车自动驾驶模式、非限制人工驾驶模式。

信号系统应能与车辆、道岔、通信、电力监控、防灾报警、环境监控、站台门等接口。信号系统是综合自动化系统的核心环节。信号系统应能与相关机电系统或综合自动化系统接口,或与其他机电系统集成。信号系统的传输网络应是封闭的专用信道。传输系统应符合安全设计标准,必须明确传输网络上的信号系统设备数量、传输媒介、环境等物理参数。

信号系统宜设置对各子系统的状态进行维护管理和集中监测的维护监测子系统,维护监测子系统的监测范围宜包括正线、车辆基地及车载的所有信号设备,并宜集成到调度综合自动化平台集中报警。当采用计轴等作为列车位置辅助检测设备时,系统应能判断检测设备的故障,列车位置辅助检测设备故障不影响 CBTC 列车的正常运营。

四、悬挂式单轨交通信号系统功能和配置

悬挂式单轨交通信号系统采用分布式架构,尽量减少轨旁设备,设备主要位于控制中心,站间轨旁设备主要是道岔区域的信号机和无源信标。

(一)ATS

列车自动监控子系统(ATS)的主要功能包括:列车自动识别、跟踪、车次号显示,列车运行和设备状态自动监视,进路和信号的自动/人工控制,运行图或时刻表编制及管理,列车运行自动/人工调整,操作与数据记录、回放、输出及统计处理,车辆修程及乘务员管理,系统故障时降级使用及故障复原处理,列车运行模拟及培训。

列车进路控制可根据运行图和列车车次号等条件实现自动控制,当采用基于车车通信的列车自动控制系统时,可将运行图下载到列车上,由列车自动触发进路。ATS应能够从时钟系统获取标准时间同步信号,应与综合运维系统集成。

ATS中央设备为热备冗余配置,一台ATS服务器出现故障不会影响系统正常运行,ATS的安全完整度等级满足SIL2级要求。

(二)ATP

列车自动防护子系统(ATP)的主要功能包括:检测列车位置,实现列车间隔控制和进路控制,监督列车运行速度,实现列车超速防护控制,防止列车误退行等非预期的移动,为列车车门、站台屏蔽门的开闭提供安全监控信息,记录司机的操作和设备运行状况。

悬挂式单轨交通信号系统必须配置ATP,其系统安全完整度等级应满足SIL4级要求,ATP内部电路及设备之间的信息传输通道也应符合故障-安全的原则。ATP应由地面轨旁设备(含联锁功能)和车载设备组成,ATP地面/车载计算机设备采用二乘二取二冗余结构。ATP按双方向运行设计,车地无线通信网络按双套冗余进行设计。

(三)ATO

列车自动运行系统(ATO)的主要功能包括:站间自动运行,车站自动定点停车,有人或无人驾驶自动折返,列车运行自动调整,列车运行节能控制,列车车门、站台屏蔽门开关的自动监控。

根据线路条件、道岔状态、前方列车位置等可实现列车速度自动控制,区间停车后,在条件具备的情况下可实现列车的自动启动,车站停车后发车时,列车可自动启动或由司机操作启动。ATO 应能自动定点停车,停车精度应满足停站、折返和存车作业的要求,安装有站台屏蔽门的车站列车停车精度误差宜控制在±0.3m 范围内。采用储能供电系统时,ATO 宜根据电池管理系统(BMS)的状态信息调整控车策略。

(四) DCS

数据通信子系统(DCS)应由有线网络、无线网络和网络管理设备三大部分构成。DCS 可由信号系统单独组建,与信号其他系统构成封闭安全网络;也可由通信系统统一建设并提供数据通道,但应采取措施优先保证信号系统传输数据的安全性、可靠性和可用性。

DCS 轨旁骨干网络采用独立的热备冗余物理通信通道,采用自愈型环网拓扑结构或者增强型准网状拓扑结构。DCS 车地无线网络可采用 LTE-M 技术或者基于 802.11 系列标准的 WLAN 技术。两种技术均应采用 A、B 双网冗余设计,同时应保证信号系统业务信息在空口传输的通信安全。

DCS 应满足信息安全防护等级要求,以及信号系统配置调整和工程线路延伸的需要。当采用基于车车通信的列车自动控制系统时,DCS 应支持列车和列车之间的直接通信。

(五) MMS

维护管理系统(MMS)负责整个信号系统的维护管理工作,由中心服务器、车载诊断维护单元、监测系统和维护工作站等组成,可根据需要配置区域服务器。全线应设 MMS 服务器,收集、存储全线正线信号系统、车场信号系统和车载信号系统的运维数据。

每一辆列车配置的车载诊断维护单元负责收集车载设备的运维数据,并将其中的重要信息通过车地无线信道实时发送给 MMS 服务器。正线及车场的每一个控区的监测设备应负责收集和整理本区域内信号设备(包括道岔、信号机、电源屏等)的状态和故障信息,并将相关信息发送给 MMS 服务器。

可根据需要配置多台维护工作站和配套的打印机。MMS 应能存储不少于 90d 的运维数据,车载诊断维护单元应能存储不少于 7d 的运维数据,并提供数据导出的接口。

五、悬挂式单轨交通信号系统运营维护

借助武汉铁路职业技术学校和中铁科工集团有限公司关于悬挂式轨道交通产业运

维标准编制的项目合作,编制出悬挂式单轨交通信号专业技术标准。主要包括:悬挂式单轨交通信号设备维修控制程序,悬挂式单轨交通信号通用基础设备维修规程,悬挂式单轨交通信号系统设备维修规程,悬挂式单轨交通信号系统设备操作规程,配套信号通用基础设备维修规程与信号系统设备维修规程的作业指导书,悬挂式单轨交通信号设备应急处置方案,以及悬挂式单轨交通信号业务管理规章等。

悬挂式单轨轨道距离地面较高,且轨道梁空间狭小,内净空约 780 mm×1250 mm,如图 2 所示,人员不能在内部行走,无法开展维修和维护作业,可采用轨道梁综合维修模式。轨道梁综合维修主要对轨道梁、道岔、轨旁线缆等进行状态检测和维修保养。轨道梁内部使用内部智能巡检车,外部使用外部综合检修车。

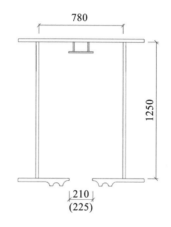

图 2　悬挂式单轨轨道梁断面(单位:mm)

六、结束语

本文依托武汉铁路职业技术学校和中铁科工集团有限公司合作开发悬挂式轨道交通产业运维标准项目,阐述了悬挂式单轨交通信号系统的作用、功能和要求,编制了信号专业程序控制文件、设备维修规程、作业指导书、设备操作规程、设备检修记录表和应急处置方案等,为悬挂式单轨交通的建设和运营提供参考和借鉴。

参考文献

[1] 胡步毛,潘妍,鲁昭,等.我国首条悬挂式单轨试验线建设实践[J].都市快轨交通,2019,32(1).

[2] 王喜军,武长海.悬挂式单轨交通信号系统方案研究[J].铁道通信信号,2012,48(10).

[3] 王珮瑶.浅析悬挂式轨道交通信号系统制式方案[J].铁道通信信号,2018,54(4).

[4] 刘晓亮.悬挂式单轨的信号系统优化方案[J].城市轨道交通研究,2017,20(S1).

[5] 于人生,宋扬,姜仲昊.悬挂式单轨列车概述及其控制系统设计[J].产业与科技论坛,2019,18(14).

[6] 秦俊非.悬挂式单轨交通综合调度自动化系统集成方案研究与设计[J].铁道建筑技术,2019(12).

[7] 杨阳,王孔明,钱科元,等.悬挂式单轨轨道梁及其附属设施综合维修技术方案研究[J].铁道标准设计,2021,65(2).

悬挂式单轨交通接触轨维修标准制定研究[①]

罗 君

(武汉铁路职业技术学院)

摘 要

悬挂式单轨交通系统是近年来在我国出现的新型轨道交通,作为中低运量的轨道交通方式,悬挂式单轨交通切合我国的城市运输需求。它起源于德国,已有百年发展史,目前,仅在国外少数国家有着成熟的商业运营,在我国还处于试验阶段,没有运营线路,也尚无行业技术标准。本文依托武汉市江夏区悬挂式单轨交通试验项目,阐述了悬挂式单轨交通接触轨系统结构,并从修程、修制和维修范围方面探讨了悬挂式单轨交通接触轨维修标准的研究与制定。

关键词

悬挂式单轨交通 接触轨 检修维护 维修标准

一、引言

悬挂式单轨交通又称"空轨""空铁",它是使用单根轨道来支持和引导车辆,轨道位于列车上方,列车悬挂在半空中运行的一种中低运量轨道交通系统。与地铁相比,它具有占地少、造价低、施工周期短、地形适应性强、景观效果好等优点。早在 20 世纪 80 年代,国外已经开始研制这种全新的轨道交通系统,其应用已经十分广泛。近年来,我国也开始了悬挂式单轨交通研究,目前,不少城市已经对悬挂式单轨交通的设计进行了研究,

---

① 本文系校级课题"以悬挂式单轨交通接触轨系统检修标准研制项目为依托的城轨供电专业课程开发研究"(ZX 2021004)的成果。

并对其运行进行了试验。武汉市江夏区的悬挂式单轨交通试验线是湖北省首条悬挂式单轨交通试验线,全长800多米,由中铁科工集团有限公司自主研发。该试验线的成功研制源于国内轨道交通技术的快速发展及丰富的技术积累,也标志着湖北省内轨道交通产品家族成员的进一步扩大,并推动城市轨道交通系统朝着多元化的方向发展。但是,目前国内尚无悬挂式单轨设计、施工、运营与维护等方面的技术规范或标准,因此,本文依托武汉市江夏区的悬挂式单轨交通试验项目,对悬挂式单轨交通接触轨的维护、维修进行研究。

二、悬挂式单轨交通接触轨的结构

悬挂式单轨列车转向架位于箱梁内,受限于箱梁内空间及结构,其牵引供电采用接触轨授流。接触轨授流包括上部授流、下部授流和侧部授流三种方式。根据悬挂式单轨交通接触轨和车辆的相对位置,采用侧部授流方式。

目前可用于侧部授流的接触轨主要有C型钢铝复合轨(简称"C型轨")和工字型钢铝复合轨(简称"工字轨")两种类型。由于C型轨和工字轨采用不同的截面形状,在限界、授流面尺寸等诸多方面存在差异,工字轨的优点是在授流面垂直方向刚度较C型轨大,变形量比C型轨小,授流更稳定。武汉市江夏区的空轨采用工字轨。

悬挂式单轨交通接触轨在安装时一般采用钢梁,在钢梁制作时可一并预留悬挂安装用孔位,精度较高。相较于焊接方式更利于钢梁制作,所以一般采用在钢梁上预留孔的方式安装绝缘子。绝缘子的另一端与接触轨配合来实现将接触轨固定到钢梁(轨道梁)上。

悬挂式单轨交通接触轨系统的主要组成部件包括,钢铝复合接触轨、中心锚结、中间接头、膨胀接头、电连接、绝缘底座和端部弯头等。

各组成部件的具体作用如下。

(1)钢铝复合接触轨:接触轨系统的主要构成部件,由轻质的导电铝轨本体和非常耐磨的不锈钢接触面构成,运行中集电靴通过与接触轨的滑动接触,不间断地向电动车组提供电能。

(2)中心锚结:为了避免接触轨向一边窜动,在接触轨每个锚段的中部要装设一套锚结,称之为中心锚结。通常,中心锚结安装在两个膨胀接头或膨胀接头与端部弯头之间的接触轨的中部位置。

(3)中间接头:两段接触轨之间通过中间接头连接,并贯通牵引电流。其要求是既要保证被连接的两段接触轨机械上良好对接,又要有足够大的接触面积,确保导电性能良好。

(4)膨胀接头:接触轨在受到周围环境温度变化或者接触轨本身的温升等条件影响

时,会产生热胀冷缩效应。为了消除由于接触轨热胀冷缩产生的误差,应在适当的位置设置膨胀接头。其在一定范围内能让接触轨自由伸缩,同时又能满足电气性能的要求。既能保证电气上的良好接触和导电需要,又能保证机械上的良好伸缩性。

(5)电连接:将钢铝复合接触轨与电缆上网点连接,完成对接触轨电能的供给。

(6)绝缘底座:固定并支撑钢铝复合接触轨本体及其附件,实现机械固定及电气绝缘等。

(7)端部弯头:一般在道岔处、电分段处,接触轨会设置断轨。为确保集电靴在断轨位置的平滑过渡,在断轨处的接触轨端部均设置为端部弯头。

三、悬挂式单轨交通接触轨的检修维护

悬挂式单轨交通接触轨的检修维护工作的基本任务是确保接触轨系统设备正常运行,满足接触轨系统安全可靠供电的要求。接触轨的检修维护的主要内容为检查、监测、测量、清扫和检修,对检测出来的缺陷及故障进行及时整修或更换,提高运营质量和安全。

接触轨的检修维护分为接触轨小修、接触轨大修和接触轨巡视。

(一)接触轨小修

接触轨小修是一种维持性修理,主要内容包括:
(1)对设备进行参数测试、动作试验及信号测量;
(2)对接触轨进行检查、清扫、调整和涂油;
(3)对磨损、锈蚀的接触轨进行更换或整修,以保持接触轨的正常技术状态。
接触轨系统设备的小修应建立以下各项记录:
(1)隔离开关检修记录;
(2)避雷器检修试验记录;
(3)接触轨小修记录。

(二)接触轨大修

接触轨大修是工作量较大、时间较长的一种计划检修,是恢复性的彻底修理。主要是对设备全部解体,对部分零部件进行修复、改造、更换,处理缺陷。大修后的设备和零部件需达到或超过原设计标准。

接触轨大修项目、周期和范围见表1。

表 1　接触轨大修项目、周期和范围

序号	项目	周期	范围
1	更换隔离开关	根据设备使用寿命而定	批量地更换隔离开关(1个年度内更换数量超过10台)
2	更换接触轨	30年以上	整锚段更换接触轨及其支撑绝缘装置、防护装置

(三)接触轨巡视

接触轨巡视系日常性检查。主要工作内容包括：
(1)对钢铝复合轨及其附件进行检查；
(2)对发现的问题进行记录和处理，以及早发现不安全因素，保持接触轨的正常工作状态。

四、悬挂式单轨交通接触轨维修标准研制

悬挂式单轨交通系统在国内属于全新制式的城市轨道交通系统，目前在国内线路较少，尚无维修的技术规范和标准。本文参考地铁、跨座式单轨的检修标准，并依托武汉市江夏区空轨试验基地，制定合理的接触轨检修内容与检修周期。

下面以钢铝复合接触轨及其附件为例，说明维修标准的研究方法及内容。

(一)维修策略架构

对接触轨的维护工作和检查工作相分离，运用恰当的维护方法，可以延长接触轨系统内各部件的使用寿命。维修策略架构如图1所示。

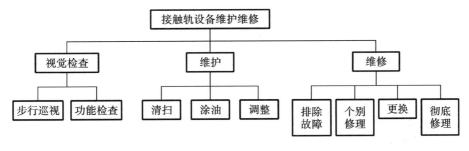

图 1　维修策略架构

定期开展巡视处理工作,对每次巡视处理均应做详细记录,以便全面掌握接触轨设备在运行过程中的相关数据,及时发现设备产生的缺陷及故障。

通过对钢铝复合轨及其附件的巡视,可以对外观进行检查,能发现和确认以下现象。

(1)检查铝轨和不锈钢带是否有变色现象。

(2)检查不锈钢带的不均匀磨损。

(3)检查接触轨末端的微小弯曲。

定期开展接触轨系统的维护工作,对接触轨进行清理、清扫,对绝缘部件进行擦拭,保持干净,降低故障发生概率。在定期进行的巡视、监测和检测过程中,如发现接触轨系统有零部件损坏、锈蚀的情况,要及时予以修理或者更换;如发现钢铝复合接触轨存在磨损,情况严重的需进行局部更换,确保接触轨的正常供电,保证线路安全、可靠运营,降低应急疏散的概率。

(二)研究思路

1.研究原则

(1)适用性。满足悬挂式单轨交通系统发展需求,并为向外输出运营维护维修体系奠定基础。

(2)差异性。针对悬挂式单轨交通接触轨管理和设备特点,研究接触轨运行维护规则。

(3)开放性。借鉴国外悬挂式单轨交通接触轨、国内城市轨道交通管理经验,进行研究。

2.整体思路

准确掌握设备的运行工作状态信息,以提高设备检修效率、保证供电质量、降低设备发生故障概率、减少运行成本为目标,确保接触轨系统安全可靠运行。

3.钢铝复合轨及其附件维修标准

钢铝复合轨及其附件维修标准如表2所示。

表 2　钢铝复合轨及其附件维修标准

周期	内容	维修标准
12 个月	（1）对接触轨本体及普通接头等进行全面详细检查，对不符合运行要求的进行维护、维修处理； （2）全面详细检查、测量接触轨与两根轨道所在轨平面的垂直高度、水平距离，对不符合要求的点进行维护处理，确保各参数符合要求； （3）检查钢铝复合轨、普通接头等有无烧伤、变色现象； （4）检查不锈钢带受流面的磨损是否均匀； （5）检查普通接头连接有无松动，接头处钢带接触面过渡是否平滑	（1）进行接触轨检修时，严禁硬拉、硬扯或用硬物敲击整体绝缘支架； （2）接触轨竖直方向中轴线应垂直于两根轨道所在处的轨道平面，接触轨安装中心面至轮胎行驶轨面的垂直高度为 1030 mm，允许偏差为 ±5 mm； （3）接触轨本体、中间接头无烧伤、变色情况； （4）接触轨磨耗均匀，无偏磨； （5）中间接头连接螺栓紧固力矩为 70 N·m。接触轨钢带的连接平滑顺畅，高低差不大于 0.5 mm，连接缝间隙不大于 2 mm

五、结束语

悬挂式单轨交通根据其自身的特点，主要适用于旅游区或大型商圈的观光等，有广阔的发展前景。本文借鉴国内外其他轨道交通对接触轨设备制定的维修策略和标准，初步研究了悬挂式单轨交通关于接触轨设备的维修标准的制定，希望对悬挂式单轨交通系统的运营和维护有一定的借鉴和指导作用。

参考文献

[1] 朱鹏飞.悬挂式单轨交通的发展现状与应用展望[J].现代城市轨道交通，2020(4).

[2] 陈洁.悬挂式单轨交通牵引供电系统方案研究[J].城市轨道交通研究，2020(10).

[3] 陈庆，王孔明，杨阳，等.悬挂式单轨交通运营监控与维修保障平台[J].铁路计算机应用，2020(1).

[4] 唐正尧.高速铁路接触网维修模式运用研究[D].北京：中国铁道科学研究院，2019.

悬挂式单轨交通接触轨故障的应急处置[①]

王旭东

(武汉铁路职业技术学院)

摘 要

接触轨系统是指悬挂式单轨交通运输中,沿路铺设一根与铁轨平行的附加导电轨道,并利用列车集电靴与接触轨之间的直接联系,将电力传递给旅客列车上的用电设备。悬挂式单轨交通触轨系统主要由接触轨、绝缘底座、热膨胀接头、线缆等构成。虽然接触轨系统具备构造简易、架设高度较低、维护工作量小、对城市景观影响较小等优点,但因为接触轨系统在设计与布置上都是没有备用的,如果发生触轨、断轨等重大故障,势必会导致悬挂式单轨交通系统运营中断的严重后果。因此,对触轨系统重大故障情形下的紧急处理措施进行分析、研究,有着重要意义。本文根据触轨系统的工作特性,对可能出现的触轨故障状况做出分类,给出紧急抢修对策,并探究紧急抢修流程中的难点,为日后接触轨故障的紧急处理提供技术支持。

关键词

悬挂式单轨交通运输 接触轨 故障 应急处置

一、引言

进入 21 世纪以来,全世界不少大中城市都开始建设地铁系统。各大中城市根据各地轨道交通建设的不同特点,先后选择了地底线和高架线两种建造模式,而供电系统制

---

① 本文系校级课题"悬挂式单轨交通接触轨运维技术体系及标准研究"(ZX 2021010)的成果。

式的选取集中在架空式接触网和地面接触供电轨道两种方案上。接触轨电力制式在中国城市地铁中的应用最早。20 世纪 60 年代,中国第一批建造的地铁使用了直流 750 V 的上触及式接触轨。后来,中国其余各大城市也相继使用了柔性架空式接触网、刚性架空式接触网供电系统,以及下触碰式接触轨的供电制式。目前,一种新的轨道交通悬挂式单轨交通逐渐发展起来,悬挂式单轨交通最理想的是侧接触式接触轨供电制式。

无论使用架空式接触网或者接触轨作为电力客车的主要牵引电力手段,其设计与施工上都是无后备条件的,因此如果出现接触网或者接触轨的重大故障,势必会导致客运服务中断的严重后果。想要减少因为接触网或接触轨的重大问题而造成客运中断的概率,使客运中断的损失时间和危害程度降至最低,除必须对接触网或接触轨做好每日巡检外,还需要有一个优化、完备的紧急抢修预案。

悬挂式单轨交通在我国发展时间不长,接触轨应急抢修方案没有太多可直接借鉴的资料,其可行性和优化方案都处于摸索阶段。本文通过对以往的城市地铁接触轨交通事故进行分析,模拟此类交通事故及出现的环境破坏状况,并提供紧急抢修对策。

二、接触轨故障应急预案

当集电靴及接触轨配件装配状况不好、列车附属装置侵限、电动客车断开连接、异物侵限、外部动力破坏等因素导致接触轨发生扭曲、变形或破坏等重大事故时,必将导致行车中断,应进行紧急抢修。

(一)应急处置原则

在组织接触轨大型故障紧急抢修时,在安全第一的前提下,以保证运输、兼顾效益为原则,应急抢修小组成员也应当贯彻集中、统一指挥的原则,即应急抢修小组成员应服从应急抢修小组的统一安排,以免因多人指挥导致的混乱。

接触轨故障抢修应当坚持"先通后复"的基本原则,以最快的速度设法先行供电,疏通路线,而后再恢复设施通常的各种技术状态。

(二)抢修人员组织

应急抢修小组组长由供电车间主任担任,现场抢险抢修指挥员由接触轨轮值工班班长担任,应急抢修小组现场主要作业人员为验电接地保护及设置防护与监护人员、安全员、现场联络员等。

应急抢修小组组长负责管理、组织及协调接触轨应急抢修的全过程;现场抢险抢修指挥员负责管理、组织、落实故障现场操作人员的接触轨维修工作,对维修工作中的安全措施和维修工作质量全面负责;接触轨轮值工班在规定的时段内发车,并在现场抢险抢修指挥员的带领下,具体实施故障现场的接触轨维修工作;验电接地保护及设置防护与监护人员负责抢修前用具、物料的准备,在现场故障维修工作人员的验电接地保护、现场防护工作完成后,立即投入维修作业;安全员负责抢修前设备图纸资料、通信用具的准备,现场故障维修工作人员的安全事项,以及监督维修工作人员的工作质量;作业人员在现场抢险抢修指挥员的带领下,开展接触轨的故障维修工作;现场联络员负责受理封锁线路事宜,向电调要令、消令,向电调报告故障维修工作的进展情况,向现场抢险抢修指挥员传递电调的工作指示。

(三)抢修物资准备

1. 应急抢修车辆配置要求

配备接触轨故障抢修人员运送车一辆,以及抢修人员物品运送车一辆,用于在第一时间把接触轨抢修人员和物品运到现场。对车辆要进行日常维修保养,使其保持正常状况,确保有充足的燃油。要安置好值班人员,做到随时出动。

2. 应急抢修工具及材料要求

供电车间的材料库接触轨抢修调度所用材料,要与平时抢修用物料分开上架、分段堆放,并单独造册登记。材料卡片采用红色,非抢修时间禁止动用。每年检查一次,经抢修使用后,应于一天内补齐。

抢修材料、用具在入库之前应当经过认真检测、验证,检查不合格的禁止入库。可组装成套的材料应组装成套存放,相对较小的零部件可存放在物资周转箱内。接触轨轮值工班应配备材料库的钥匙,在交接班时应及时移交和清点抢修材料和用具。

3. 抢修用通信工具

接触轨轮值工班通常备有数量足够的无线集群对讲机,由轮值工班管理,并进行日常维护。考虑到接触轨故障抢修牵涉部门较多、作业区域分散、信息量较大,为了保证通信的安全性,在无线集群对讲机的基础上,加装一般型对讲机若干台,由轮值工班管理,并进行日常维护。

(四)抢修程序

接触轨轮值工班值班员接到接触轨故障消息后的处理流程如表1所示。

表 1　接到接触轨故障消息后的处理流程

步骤	人员	行动内容
1	接触轨轮值工班值班员	(1)拉抢修铃； (2)立即通知车间值班司机,准备出动故障抢修运输车； (3)通知接触轨轮值工班班长； (4)通知接触轨主管工程师； (5)记录关键时间及故障信息(故障时间、故障地点、故障种类等)
2	接触轨轮值工班班长	(1)立即了解故障信息； (2)负责准备抢修所需图纸资料； (3)负责通信工具的准备及分配； (4)负责调度现场联络员并明确指示所需开展的工作； (5)集合应急抢修小组成员,清点人数,组织成员按分工做好抢修准备
3	应急抢修小组成员	按分工准备好抢修用工具、材料、个人劳动防护用品
4	现场联络员	(1)根据接触轨轮值工班班长的指令,以最快的速度赶赴指定地点； (2)及时向班长反馈现场信息
5	接触轨主管工程师	(1)通知专业组工程师、供电技术安全员； (2)赶赴事故现场

三、抢修安全注意事项

(一)应该严格遵守安全措施

在接触轨故障抢修调度中,应遵守有关驾驶、操作、电气安全等作业的相关规范和安全措施,以免扩大故障范围和发生人身伤亡事故。所有进行接触轨抢修工作的技术人员,都应当具有安全合格证。在开展接触轨抢修任务之前,抢险抢修小组的全体成员都需要佩戴工作帽,脚穿工作鞋,身穿荧光服,并且高空作业时需要扎安全带。在抢修时,虽然事故的主要设施均已断电,但仍需要经过验电接地检查、对事故抢修区域采取行车保护措施后,方可对接触轨事故的主要设施实施抢修。

（二）严格执行验电接地

应急抢修小组成员在收到断电作业指令后，必须先进行验电接地，之后方可作业。用验电器验电的次序为：先将验电器端头轻靠接触轨道，若无声音即为已断电，且验电器在使用前先要验声。在验明接触轨道已断电之后，必须在作业点的两端，或和作业点连接可能来电的所有已停电装置上，装设接地连接线。装设接地连接线时，必须将连接线的一端先连接，然后再将接地线固定于已断电的接触轨道上。拆除地线的次序相反，先拆除连接的接触轨道一端，之后再拆除连接线端。且接地线必须连接紧密，并且接触状态良好。装设接地连接线时，人体绝对不能碰到接地连接线。接地连接线必须使用截面面积不低于 70 mm² 的裸铜软绞线，且不能有断股、散股。验电及装设、拆卸接地连接线，应由二人同时完成，一人作业，另一人监督。

四、接触轨常见故障处理措施

（一）绝缘底座断裂故障处理措施

根据应急抢修小组组长的安排，分组查找绝缘底座断裂的具体位置，并准备相应工具及备件。

情况一：端部弯头第一个绝缘底座断裂故障，应立即更换绝缘底座。

情况二：不连续的绝缘底座故障，不会侵入行车限界，可暂不处理，必要时采用限速通过；若存在侵限的情况，则直接拆除故障绝缘底座。

情况三：连续绝缘底座故障，更换绝缘底座，进行修复；连续绝缘底座故障且接触轨无法使用时，采用设置临时断口的抢修方式，限速通过。检查接触轨技术参数，应符合列车安全条件。

（二）接触轨短路故障处理措施

要求电调人员断开相关隔离开关，对相关断路器进行试送，进而判断短路点是变电所内故障或是变电所外故障。若为变电所外故障，根据应急抢修小组的分工，前往相应设备位置处，准备拆除上网电缆。将上网电缆拆除，确认是否为接触轨本体短路故障，根据不同的短路位置，采取不同的修复方法。

情况一：上网电缆及隔离开关存在短路点，若是双边供电，将上网电缆拆除，改为单边供电,恢复运营。待运营结束后,完全修复。若是单边供电,上网电缆存在短路点,使用兆欧表对上网电缆逐根排查,查到短路的电缆,单独将其拆除。待运营结束后,完全修复。

情况二:接触轨及其附件存在短路点,拆除连接电缆,分段使用兆欧表测量绝缘情况,并使用巡视镜查找短路点,找到短路点后予以消除。

(三)接触轨过热故障处理措施

情况一:中间接头连接松动。松开中间连接后,用金属材料毛刷清理机械结合表面,并彻底检测有焊接电弧或损坏的机件。如无异常,则用金属材料毛刷清除机械触碰面上的小毛刺,或涂上一层导电油。再次进行中间连接,并考虑垫块的次序。将螺钉拧紧扭矩至 105 N·m。

情况二:超负荷。检测电力负载,根据系统参数进行调节。

情况三:电缆连接板松动。拆除电缆连接板,重新处理接触面,并涂刷导电润滑脂,重新安装,注意垫片的顺序。与接触轨连接的螺栓紧固力矩为 105 N·m。

五、结束语

通过模拟接触轨事故及出现的破坏情形,本文已初步形成在接触轨故障情形下的应急处理架构,但需要根据现场人员实际情况,开展紧急演练,并进一步优化和完善应对预案,以使应急处理更具安全性与高效性,保证悬挂型单轨交通系统的安全运营。

参考文献

[1] 曾斌,曾建.下接触式接触轨的应急抢修[J].都市快轨交通,2013,26(5).
[2] 陈祥.城市轨道交通接触轨故障的应急处置[J].城市轨道交通研究,2017,35(5).

悬挂式单轨列车再生制动能量吸收及利用方案探讨

张绍静

(武汉铁路职业技术学院)

摘 要

作为能源消耗大国,我国对节约能源相当重视,甚至为此提出了能源节约型社会的基本发展目标。城市轨道交通列车依靠电力提供动力,在城市轨道交通运营成本中,列车电力消耗成本占整个运营成本的40%以上。降低运营中的电力消耗,对发展轨道交通及建设可持续发展的节约型社会有着重要的现实意义。在运行过程中,由于站间距较短,列车启动、制动频繁,制动能量相当可观。通过对制动能量的回收、反馈,减少制动过程中的能量损耗,充分利用制动能量,可以起到很好的节能效果。目前,列车再生制动能量利用在城市轨道交通中已广泛应用,但悬挂式单轨交通作为一种新型轨道交通,列车再生制动能量如何利用,实际案例较少。本文结合悬挂式单轨交通的线路及负荷情况,对列车再生制动能量吸收及利用方案进行探讨。

关键词

悬挂式单轨　节能　再生制动能量吸收及利用

一、引言

我国目前的城市化率已突破50%,千人汽车保有量已超过100辆,一线城市早已出现严重的交通拥堵,而这种拥堵正在迅速向众多的二线城市蔓延。在这种情况下,发展轨道交通已经成为解决城市交通拥堵的必然选择。截至2021年10月,我国已经建成并开通轨道交通的城市有49个,通车总里程超过8087千米,单月客运量约20.5亿人次。

轨道交通的形式也由传统的地铁模式向有轨电车、悬挂式单轨、跨座式单轨、智轨等多种形式转变。其中悬挂式单轨以高架形式修建，地面上只需很小的空间建造承托轨道的桥墩，列车所占的地面面积和垂直空间都较小，并且列车下方的空间很大，能有效利用道路中央隔离带和城市低空。这些特点使得悬挂式单轨交通已成为建筑物密度大的狭窄城市区域公共交通的较好选择之一。

面对全球气候变化对环境的影响，中国提出2030年前实现碳达峰、2060年实现碳中和的目标。城市轨道交通列车主要依靠电力驱动，随着轨道交通项目的蓬勃发展，电力能源的可靠性已经成为城市轨道交通正常运转的基本保障。据不完全统计，在城市轨道交通运营成本中，列车运营所需的电力消耗成本占整个运营成本的40%以上，降低运营中的电力消耗对城市轨道交通具有重要的现实意义。在运行过程中，由于站间距较短，列车启动、制动频繁，制动能量相当可观。如果能充分利用制动能量，对制动能量进行回收并反馈至直流牵引供电网络，驱动列车行驶，减少制动过程中的能量损耗，则可起到很好的节能效果。

悬挂式单轨交通，虽然实际运载能力较常规轨道交通相对偏少，但车辆运营形式、牵引供电系统架构组成和功能配置原则基本相同，因此，同样需要考虑列车再生制动能量吸收及利用，以有效减少能源损耗，节省运营成本。

二、设置列车再生制动能量吸收及利用系统的必要性

在城市轨道交通中，列车普遍采用直-交变压变频的传动方式，车辆的制动方式一般为电制动（俗称"再生制动"）+空气制动。在运行中通常以电制动为主，空气制动为辅。在运行过程中，由于站间距较短，列车启动、制动频繁，制动能量相当可观。根据经验，当列车发车密度较高时，车辆再生制动产生的能量除了有一定比例被其他相邻列车吸收利用外，剩余部分主要被列车上附带的制动电阻以发热的方式消耗掉，或被线路上的吸收装置吸收。当列车发车密度较低时，再生能量被其他车辆吸收的概率将大大降低。列车发车间隔大于10分钟时，再生制动能量被吸收的概率几乎为零，此时绝大部分制动能量将被列车上附带的制动电阻吸收，变成热能并向四周散发。因此，设置列车再生制动能量吸收及利用系统，可充分利用制动产生的能量，减少通过制动电阻吸收转化为热能的比例，大幅提高电能利用率。

三、列车再生制动能量吸收及利用方案

目前国内外采用的技术相对较为成熟的再生制动能量吸收及利用方案，主要包括电

阻耗能型装置、电容储能型装置、飞轮储能型装置和逆变回馈型装置。其中,前两种方案在国内轨道交通中应用较多,后两种方案应用较少。

电阻耗能型装置采用多相 IGBT 斩波器和吸收电阻配合的恒压吸收方式。根据再生制动时直流母线电压的变化状态调解斩波器的导通比,从而改变吸收功率,将制动能量消耗在吸收电阻上,同时将直流电压稳定在某一设定范围内。

电容储能型装置采用 IGBT 逆变器将轨道交通车辆的再生制动能量吸收到大容量的电容器组中,当供电区间内有车辆启动或者加速需要取流时,吸收装置将储存的电能释放出去供再利用。近年来,随着国内超级电容技术及再生电能利用技术的飞速发展,已经有多家供货商可以生产超级电容储能型再生能量吸收装置。

飞轮储能型装置通过对牵引变电所直流母线电压的检测判断,调整飞轮的转速来储存和释放再生电能,同时具有稳压作用。飞轮储能型装置具有技术成熟度高、高功率密度、长寿命、充放电次数无限以及无污染等特性。目前,飞轮储能型装置在北京等城市已经有成功应用案例。

逆变回馈型装置采用电力电子器件构成大功率三相逆变器,当再生制动使得直流母线电压超过规定值时,逆变器从直流母线吸收电流,并将直流电逆变成工频交流电回馈到交流电网。典型的逆变回馈装置有低压侧回馈、高压侧回馈以及双向变流器等三种,低压侧回馈是通过自耦变压器回馈,高压侧回馈是通过隔离变压器回馈,双向变流器是将整流器和逆变器合二为一。目前,双向变流方案作为主流方案,已在宁波、徐州等地的地铁中成功应用。

列车再生制动能量吸收及利用方案对比如表 1 所示。

表 1 列车再生制动能量吸收及利用方案对比

项目	电阻耗能型装置	电容储能型装置	飞轮储能型装置	逆变回馈型装置
满足列车再生制动要求	满足	储能容量小,基本满足	储能容量较小,基本满足	满足
能量利用效果	很差	好	较好	好
对牵引网的影响	无	有稳压作用	有稳压作用	有稳压作用
对电网的影响	无	无	无	有谐波
对环境通风的要求	有	有	无特殊要求	无特殊要求
设备制造成本	低	高	较高	较高
对房建的要求	大约 70 m²	大约 70 m²	大约 70 m²	大约 70 m²
综合性价比	低	低	较高	高

综合表 1 可知,电阻耗能型装置和电容储能型装置虽然在城市轨道交通中有应用案例,但其附加通风能耗大、综合性价比低,对轨道交通的适用性较差。飞轮储能型装置和逆变回馈型装置具备能量回收效果相对较好、附加通风能耗少等特点,在轨道交通项目

中有良好的应用前景。

针对悬挂式单轨工程线路相对较短，基本为全高架敷设，列车运行制动能量较传统城市轨道交通线路低，若采用逆变回馈型装置，回馈的电能不足以充分利用而反馈回电网。基于飞轮储能型装置的良好特性，建议采用飞轮储能型装置。

四、采用飞轮储能型装置的节能效果分析

结合目前国内悬挂式单轨项目线站位、线路平纵断面、全日行车计划等多方面特点，通过牵引供电仿真进行计算。由于车辆段内列车行驶速度较低，不必设置再生能量吸收装置。因此，在全线正线车站牵引变电所考虑设置飞轮储能装置一套，功率考虑设置为 0.3 MW，每个飞轮总容量为 1.58 kW·h，充放电电压分别为 842 V、827 V，得出每个牵引所在初、近、远各设计年限可节约的电能。

经过牵引供电仿真计算，正线各牵引变电所在不同发车密度条件下，每小时回馈的电能统计情况如表 2 所示。

表 2 每小时回馈的电能统计情况　　　　　　　　　　单位：kW·h

发车密度	车站 1	车站 2	车站 3	车站 4
5 对	5.94	11.09	8.62	2.20
6 对	8.45	15.61	10.70	3.38
7 对	6.42	12.13	13.82	3.09
8 对	13.33	17.48	13.69	4.68
9 对	12.12	14.89	20.10	3.79
10 对	11.78	17.43	16.60	5.51
12 对	17.62	20.38	23.63	6.18
14 对	21.65	35.29	31.72	6.60
15 对	19.22	30.03	26.23	8.51
16 对	20.87	31.25	30.19	10.95
17 对（3 节编组）	36.67	26.41	12.96	12.02
24 对（3 节编组）	32.08	35.25	30.50	8.13

按一天运行 15 小时考虑，按照表 2 中的相关数据，每日回馈的电能统计情况如表 3 所示。

表 3　每日回馈的电能统计情况　　　　　　　　　　　　单位:kW·h

时间段		车站 1	车站 2	车站 3	车站 4	单日合计
工作日	初期	138.65	226.44	176.94	57.08	599.11
	近期	190.31	250.78	233.45	70.52	745.06
	远期	209.72	303.91	299.58	86.65	899.86
非工作日	初期	145.92	226.69	185.50	59.23	617.34
	近期	196.52	289.31	256.18	85.45	827.46
	远期	248.66	295.14	274.21	99.72	917.73

综上所述,采用飞轮储能型装置具有很好的节能效果。

五、结束语

本文以悬挂式单轨列车为基础,从城市轨道交通列车运营所需的电力能源着手,对列车制动能量回收及利用在城市轨道交通中应用的必要性进行了研究,对四种列车再生制动能量吸收及利用方案的优缺点及在悬挂式单轨列车中的适用性进行了比选,提出了建议方案,并对建议方案的节能效果进行了计算,明确了采用飞轮储能型装置具有很好的节能效果。

参考文献

[1] 王彦峥,苏鹏程.城市轨道交通再生电能的吸收与利用分析[J].城市轨道交通研究,2007(6).

[2] 赵立峰,张发明.北京地铁 5 号线再生电能吸收装置[J].现代城市轨道交通,2008(1).

悬挂式单轨交通变电所运行管理和设备检修探讨

邓小桃

(武汉铁路职业技术学院)

摘 要

悬挂式单轨交通作为城市轨道交通的主要制式之一,在城市交通的建设与发展中具有自身的特色和实用性,具有爬坡能力强、转弯半径小、噪音低、乘坐舒适、建设费用低及周期短等特点。悬挂式单轨交通在我国尚处于起步阶段,没有相应的运行管理经验和设备检修标准,变电所是其中的重要组成部分之一,制定一套完整的变电所运行管理和设备检修标准势在必行。本文从悬挂式单轨交通变电所运行和检修角度出发,对悬挂式单轨交通变电所的运行管理和设备检修提出了一些看法。

关键词

悬挂式单轨　变电所　运行检修

一、引言

悬挂式单轨交通由线路系统、车辆系统、供电系统、信号系统、机电设备、车站、车辆段及综合维修基地等组成,悬挂式单轨交通供电系统是各设备的能源供给系统,要求供电电源安全可靠。悬挂式单轨交通建成并投入运营后,日常运行检修必须跟进。目前国内没有系统性的有关悬挂式单轨交通变电所的运行管理和设备检修标准,因此,尽早制定运行管理和设备检修标准尤为重要。

二、悬挂式单轨交通变电所运行管理

悬挂式单轨交通一般采用集中供电方式,变电所设有人值守和无人值守两种定期巡检方式。变电所运行管理规程应按照有人值守和无人值守两种定期巡检方式分别制定。有人值守变电所运行管理规程主要包括变电所运行值班方式、巡检一般规定、环控通风管理、消防管理、设备倒闸操作等。无人值守变电所运行管理规程主要包括变电所巡检一般规定、环控通风管理、设备倒闸操作等内容。

(一)悬挂式单轨交通变电所值守

有人值守变电所要按规定的班制昼夜值守。值守人员负责值守期间的安全、运行、维护工作,接受、执行供电调度命令,正确、迅速进行事故处理、缺陷处理,受理和审查工作票并布置安全措施。悬挂式单轨交通变电所工长要随时对值守作业进行检查,确保值守作业规范,发生事故、故障时,正确、迅速组织值守人员进行处理,尽快恢复供电。

(二)悬挂式单轨交通变电所巡检

有人值守变电所值守人员应按规定对变电设备进行巡检,值守人员除交接班巡视外,班中巡视每天不少于4次,白班规定为8时、12时进行,晚班规定为18时、22时进行,熄灯巡视每周不少于1次,每次断路器跳闸后对有关设备要进行巡视。无人值守变电所现场巡视每月应不少于2次,现场夜间巡视每季度不少于1次。巡视时应遵守相关安全规定,保证人身安全。巡视要认真填写记录,巡视中发现危及安全的缺陷要及时处理,并将缺陷及处理结果记入《设备缺陷记录》中。

(三)悬挂式单轨交通变电所倒闸作业

悬挂式单轨交通变电所设备控制分为远程集中控制、变电所监控盘控制、设备就地操作三种。正常倒闸操作由电力调度人员根据需要远程操作完成,当调度中心操作失败时,电力调度人员(简称"电调")下放操作权,下令变电所监控盘控制或设备就地操作。图1为停电倒闸流程图,图2为送电倒闸流程图。

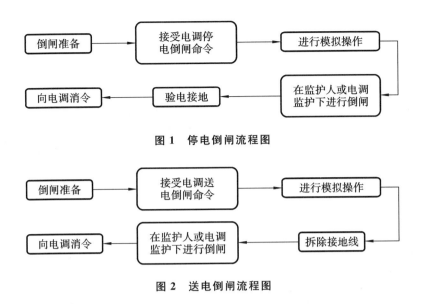

图 1　停电倒闸流程图

图 2　送电倒闸流程图

三、悬挂式单轨交通变电所电气设备检修

悬挂式单轨交通供电系统是单轨交通重要的行车设备,沿单轨线路布置,工作环境恶劣。为保证供电系统的良好状态,必须重视电气设备检修工作。设备检修应贯彻"预防为主,修养并重"的指导方针,积极采用新技术、新工艺、新材料,按周期、按计划、按标准对设备进行检修,不断改善电气设备的技术状态,提高供电质量。

(一)电气设备检修方式

悬挂式单轨交通变电所电气设备检修分为维修和大修两种。

维修是指在电气设备的实际状态与安全运行状态之间出现不允许的误差或发生故障时,对供电系统进行必要修复,以重新建立供电系统正常功能。维修分为维持性修理和故障修复。维持性修理,即计划性维修,是以时间为依据,预先设定好检修的项目、内容和周期,对设备进行定期、全面的预防性检修,以达到设备功能正常运行的目的。故障修复是以设备出现功能性故障为判断依据,根据功能故障的现象和原因,对设备故障进行修复。故障修复是一种必须立即投入施工的、无事先计划的应急抢修方式。

大修是恢复性的彻底修理,是有计划、有针对性地对供电系统相关设备进行集中整治、修复、更换,恢复供电设备原有性能。必要时应进行技术改造,增强供电能力,以适应运营发展需要。

（二）电气设备维修标准

悬挂式单轨交通供电系统变电设备维修，按照设备分类，制定不同的检修周期。维修项目包括配电变压器、整流变压器、整流器、交流中压开关柜、直流开关柜、10 kV 开关柜、负极柜、交流屏、直流屏、蓄电池、电力电缆和综合自动化设备等。不同的设备因结构不同，检修内容各有不同。下面以 10 kV 开关柜为例，谈谈它的维修范围和标准。

10 kV 开关柜维修范围和标准：检查清扫柜体，设备应安装牢固，无倾斜、变形、锈蚀，接地良好；各部件尤其边缘部件应清洁干净，无破裂、无烧伤放电痕迹；电缆封堵完好。检查机械/电气联锁装置、带电指示、位置指示正确；低压室内各电器元件、端子排、二次回路完好，电气连接紧固，接触良好。检查断路器操作机构各零部件齐全，无破损、变形；储能弹簧无变形、锈蚀，手动、电动操作正常；电机、辅助开关、限位开关完好，动作灵活，触点接触良好；传动机构使用厂家规定的润滑剂进行保养。每年对柜内避雷器进行试验。检查主回路的回路电阻和绝缘电阻，断路器分合闸时间和三相同期应符合要求。检查母联断路器备投功能正常。

（三）电气设备大修原则及流程

由于供电系统中设备的运行状况受到外界干扰和环境因素的影响较大，使得电气设备在实际运行过程中，对电力系统正常运行的安全性和稳定性造成威胁。因此，制定一套完整的大修原则及流程尤为必要。

1. 电气设备大修原则

（1）坚持"安全第一、预防为主、综合治理"的原则，严格执行国家、行业、地方有关方针政策、法律法规，落实公司相关标准、制度和规定，重点解决影响供电系统安全稳定运行的生产设施设备问题。

（2）电气设备大修应有利于提升供电系统安全稳定水平，有利于提升设备运行的可靠性，有利于提升供电系统经济运行水平。

（3）坚持资产全生命周期成本最优原则。在保障电气设备安全可靠运行的基础上，统筹考虑电气设备的安全、效能、成本，最大限度地发挥资产效益，实现供电系统资产全过程闭环管控和资产全生命周期成本最优。

（4）坚持以设备状态综合评价结果为基础的原则。统筹考虑设备运检环节安全性评价、隐患排查、状态评价、设备故障缺陷状况等因素，以设备状态综合评价结果为基础，解决影响人身安全和设备安全的突出问题。优先安排评价认定已处于严重状态，对系统安全运行有严重够响，以及判定为有威胁安全运行的严重缺陷的设备。

(5)以技术进步为先导,推广先进适用技术,提升供电设备健康水平。

2.电气设备大修的整体流程

第一阶段为立项筹备阶段:包括编制大修及专项修规程、三年规划、工艺标准、评估方案、评估报告、项目方案等。

第二阶段为立项阶段:包括大修及专项修项目立项(含预算)申请、立项审核、预算安排、下达大修及专项修任务书、成立项目组等。

第三阶段为实施阶段:包括大修及专项修项目计划的编制、物资的采购、委外合同的签订、施工方案的编制、技术管理、施工管理、调试、验收、质保期等。

第四阶段为后评估阶段:包括大修及专项修总结、成本核算、工艺梳理、规划更新、规程修订、意见反馈等。

四、结束语

以上内容是针对悬挂式单轨交通变电所运行管理和设备检修的一些看法,因现阶段没有完整的悬挂式单轨交通变电所运行管理经验和设备检修标准,本文观点有待进一步完善。

参考文献

[1] 吴新安,贺观.跨座式单轨交通供电系统[M].成都:西南交通大学出版社,2017.
[2] 尚俊霞,袁波.城市轨道交通供电安全及规则[M].北京:北京理工大学出版社,2016.

悬挂式单轨交通线路变形监测技术

何 欢

（武汉铁路职业技术学院）

摘 要

针对交通工程，我国已引入新技术，对交通线路进行全方位改进。其中，在悬挂式单轨交通线路上，针对悬挂式单轨交通线路轨道梁，需要根据其道岔的位移变化情况进行监督，为悬挂式轨道交通运营管理提供全面保障。明确后续线路变形监测的具体组织及责任主体，在工程、程序要求上进行改进，实现有效监测。对其数据进行记录，完成周期性指导。结合多样性的工程措施，对线路的稳定工作起到不可忽视的作用。同时，还可以进一步优化悬挂式单轨交通运营安全的引导效果。

关键词

工程施工 悬挂式单轨交通 交通线路 变形监测

一、引言

需要明确悬挂式单轨交通线路变形监测技术的应用范围，即监测对象、数据、适用性。在线路变形监测过程中，对线路上的轨道梁、桥墩等进行变形监测，包含水平监测、沉降监测、周围环境监测等。在基点上，找到已知坐标控制点。由于工作基点离监测建筑物距离较远，为了方便监测工作，需要分析目前监测对象能够反映其变化特征的观测点，明确相应的责任主体。以线路变形监测部为主，设置综合管理室、监测车间、技术安全室等。打造全方位的安全生产任务，进行日常培训等工作。

二、线路变形监测部在维护工作中的基本职责

线路变形监测部在维护工作中的基本职责,主要包括以下内容。

(1)对线路变形监测工作中的隐患进行安全管理,包含质量管理、运行管理、技术管理。同时,还需要完成统筹线路变形监测任务总清单以及总台账,实现组织信息的核对及更新。全面贯彻我国行业标准,完成变形监测规划以及作业指导书、操作规程、应急预案等技术性文件,打造全方位的线路监测运维责任制度,确定维护区域及责任划分。

(2)在执行线路监测规程及维修计划中,按时、按质、按量地完成组织任务,对桥段及道岔等发现相应问题,并进行及时处理。

(3)认真完成各项监测指标,开展质量分析及监控检查,做好与其他部门之间的衔接。当出现相应问题时,要及时向相关部门反映,并取得必要的技术支持。

(4)在管辖范围内,对相关资料、图纸等进行收集、归档,完成保管工作。

三、线路变形监测总则及工作程序

1.明确线路变形监测总则

在线路变形监测总则中,针对悬挂式单轨交通工程,在运维阶段,必须按照要求完成建设施工,并根据周围环境特点对桥墩、道岔等周边环境进行测量。提前收集相关的水文气象资料,根据周围环境出具安全调查报告,对安全风险进行评估。根据设计文件、施工方案等资料进行现场勘查,在悬挂式单轨交通工程线路变形监测上,提前感知周围环境有可能发生的异常或危险情况,提前设置紧急预案。设置可靠的工作基点以及施工点,优先选择沿线施工。在施工点上,牢固埋设结构容易出现变形、敏感部位。其数量应能整体反映出结构变形情况,应按照要求来设计。采用三维激光、扫描传感器等测量方法。对于安全风险较大,不易进入的监测场地,采用自动化监测。在工作基点及监测点上,进行独立、分别测量。测量结果取两次测量的标准值。针对不同测量时期,采用观测网型或观测路线型的方法,使用相同精度的测量仪器,在基本相同的环境下进行分别测量。记录相关数据,如日期、天气、温度、设备、观测数据等,还应对施工情况、荷载变化等进行描述。选择相应的工作基点进行检查,并完成稳定性分析。对变形监测结果进行综合考虑,除气候条件分析外,还需要进行稳定性分析。为了确保全过程生命周期变形监测的连续性及合理性,在运营期间,必须充分利用建设期间设置的变形监测点,并根据其监测模式设定特征断面点。

2. 线路变形监测工作程序

在线路变形监测工作程序上，需要根据作业指导书规划，按照要求对整个线路进行变形监测。并填写各类监测记录表单，在表单数据上，包含时间、地点、责任人员、监测人员等。对于重点数据进行实际测量并记录，确保整个数据可行。建设专门台账，根据工程实际情况，就监测技术、内容制订计划，交由相关部门审批。按照要求施工作业，进行基准网的布局及测量。随后，完成轨道、道岔设备等监测的变形分析，并记录其相关数据，填写作业单，保证作业流程规范。

四、沿线基准网布设

需要根据以下几点进行沿线基准网布设。

(1) 明确布设的基准网以及工作基点，使其能够在可靠、稳定的区域范围内，分别间隔 1000~200 mm 设置竖向及水平位移的监测节点。监测节点的数量不少于 3 个。根据监测需要，可设置若干工作基点，工作基点应埋设在便于保护且容易进行变形监测的位置。在竖向位移监测节点的测量中，监测节点应设在外露的基岩、密实的砂卵层及原状土层中。其技术要求应符合施工规范，在监测基准网及线路首级高程控制网进行联合检测。

(2) 线路变形监测的对象及周期。在监测对象上，应该对线路轨道、道岔周边等进行监测。线路变形监测主要内容应根据主体设计方案进行设定，如表 1 所示。轨道梁的变形监测，在头、尾、中部各设置一个监测点。轨道梁运营期监测频率见表 2。表 3 为桥墩运营期监测频率。

表 1 线路变形监测主要内容

监测对象	监测内容	主要监测仪器
线路（桥墩、轨道梁、道岔）	桥墩、轨道梁横向、竖向位移、倾斜，地下结构顶部及底部竖向位移和净空水平收敛监测等	全站仪、水准仪、收敛计、测斜仪等
周边环境	运营期变形影响范围内的建（构）筑物、地表、山体、管线变形监测等	全站仪、水准仪、测斜仪、位移计等

表 2 轨道梁运营期监测频率

监测阶段	监测期限	监测频率
轨道梁完工后	第 1 个月	1 次/2 周
	第 2~3 个月	1 次/月
	3 个月以后	1 次/3 月

表 3 桥墩运营期监测频率

监测阶段	监测期限	监测频率
轨道梁施工完工后	第1～3个月	1次/周
	第4～6个月	1次/2周
	6个月以后	1次/月

（3）每次监测工作结束后，应对监测数据进行检查、整理并填写报表，保证各项资料的完整性。在监测项目完毕后，应对资料进行分类、整理、收集，根据相关数据计算整体的变化量及变形速率，并绘制沉降的变形过程曲线。在必要时，绘制等值线图，根据施工情况预测未来发展趋势。

五、结束语

综上所述，在悬挂式单轨交通线路变形监测中，要明确基本职责，并对整个线路的变形过程、隐患情况进行安全管理。此外，规定变形监测的相关程序，明确技术总则。在沿线基准网铺设及变形监测资料、数据整理中，根据实际情况，对数据进行精准记录。

参考文献

[1] 张爽.悬挂式单轨交通的勘察设计实践[J].黑龙江交通科技,2020,43(2).
[2] 赵阳.悬挂式单轨交通系统关键技术及适应性分析[J].铁道标准设计,2019(7).
[3] 陈庆,王孔明,杨阳,等.悬挂式单轨交通运营监控与维修保障平台[J].铁路计算机应用,2021,30(1).
[4] 郝瑞庭.悬挂式单轨交通信号系统方案设计[J].城市建设理论研究(电子版),2021(10).
[5] 纪可欣.自动化监测技术在盾构长距离并行既有地铁隧道变形监测中的应用[J].地矿测绘,2021,4(2).
[6] 蒲斐.变形监测理论与技术研究进展[J].智能城市,2020,6(8).

悬挂式单轨车辆车内电气设备年检规程研究

胡 翔

(武汉铁路职业技术学院)

摘 要

悬挂式单轨交通因其环保、建设成本低、工程建设快、占地面积小等优点,在中小城市、景区有很好的发展前景和需求。由于国内暂无成熟的运营管理模式,制定相应的运营检修标准是当前迫切需要解决的问题之一。本文根据悬挂式单轨车辆车内电气设备的性能、环境等参数及车辆运行条件,探讨车内电气设备的年检规程,通过分析悬挂式单轨交通车辆车内电气设备的结构位置,采用操作检查、目测检测对设备进行年检操作,以达到车内电气设备的年检要求。

关键词

悬挂式单轨 车内电气设备 年检规程

一、引言

悬挂式单轨交通属于城市快捷公交,具有环保、建设成本低、工程建设快、占地面积小、全程自动化,可拆卸可移动、视野开阔,以及能适应特殊地貌、复杂地形、恶劣天气等优点,尤其适用于中小型城市繁华区、居民聚集区和旅游风景区。

中国是继德国和日本之后第三个掌握悬挂式单轨交通技术的国家,目前我国在青岛、成都、开封和武汉建成了4条试验线,但均未正式开通运营,尚无成熟可靠的运营经验。

武汉市江夏区悬挂式单轨交通试验线是全国第4条试验线,由中铁科工集团有限公司自主研发设计,位于中铁科工集团有限公司江夏基地。由于国内尚无正式开通的悬挂式单轨车辆运营线路,无成熟可靠的悬挂式单轨车辆运营管理经验,所以对悬挂式单轨车辆运行检修标准的研究非常迫切。

根据悬挂式单轨车辆的修程,可分为日检、双周检、月检、年检、定修、架修、大修等7个部分。本文根据车内电气设备检修要求,探讨车内电气设备年检规程。

二、车内电气设备的布置

悬挂式单轨车辆的编组单元是 MC 车,根据不同需求可以由若干 MC 车组成运行编组。MC 车电气设备主要包括转向架电气设备、车顶电气设备、车端电气设备、司机室电气设备、客室电气设备、车底电气设备。车辆电气设备总体布置如图1所示,其中车内电气设备涉及司机室电气设备、客室电气设备,主要包括司机室电气设备、电气柜、照明系统、网络控制及诊断系统、PIS系统、火灾报警系统等。下面重点介绍司机室电气设备和客室电气设备。

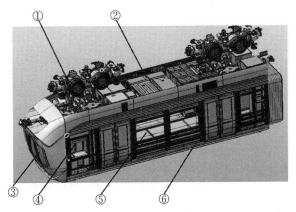

1.转向架电气设备　2.车顶电气设备　3.车端电气设备
4.司机室电气设备　5.客室电气设备　6.车底电气设备

图 1　车辆电气设备总体布置

(一)司机室电气设备

车辆采用双司机室,终点不需要换端,司机室电气设备布置如图2所示。

司机室内设有左、右操纵台,操纵台主要是司机驾驶车辆运行的控制台。操纵台上安装了全部驾驶和监控信息控制设备,同时设有开关门按钮、ATC切除按钮、自动驾驶转换按钮、数据及信号显示屏幕、客室广播系统等操作设备。司机室内设有前置摄像头、全景摄像头、到站显示屏等监控设备,有助于提高安全保障,司机室逃生门处设有电热玻璃及电动刮雨器等。

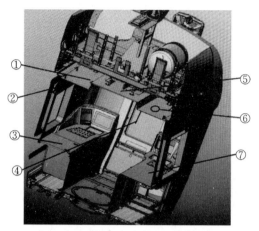

1. 阅读灯　2. 到站显示屏　3. 左操纵台　4. 刮雨器
5. 送风单元　6. 司机室灯　7. 右操纵台

图2　司机室电气设备布置

（二）客室电气设备

客室电气设备分布较均匀，内装外部安装电气设备主要包括摄像头、感光探头、LED显示屏等。

内装内部安装电气设备主要包括空调控制盘、座椅漫光灯、24V电源等。

客室电气设备布置如图3所示。

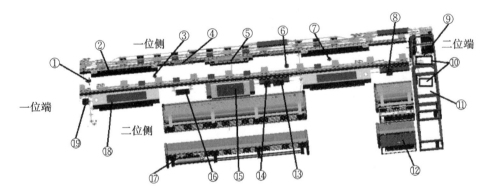

1. 摄像头1　　　2. 动态地图1　　3. 感光探头1　　4. 车底灯电源　　5. LED显示屏1
6. 感光探头2　　7. 摄像头2　　　8. 扬声器1　　　9. 客室开关柜　　10. 24 V电源
11. 客室综合柜　12. 空调控制盘　13. 客室灯电源1　14. 调光控制器　　15. LED显示屏2
16. 客室灯电源2　17. 座椅漫光灯　18. 动态地图2　　19. 扬声器2

图3　客室电气设备布置

三、车内电气设备年检规程

（一）司机室电气设备

司机室电气设备年检内容主要有11项：司机室顶灯；司机台各类按钮、开关、仪表灯和指示灯，以及侧墙开、关门按钮；蓄电池电压表、高压电压表；主控制器（方向手柄、主控手柄、钥匙开关）；司机台下部接线；司机台下接线排开盖外观；司机室通风单元外观、功能；司机台扬声器；遮阳帘；雨刷及水箱；挡风玻璃电加热功能。其检查方法及技术要求如表1所示。

表1 司机室电气设备年检内容、检查方法及技术要求

序号	年检内容	检查方法	技术要求
1	司机室顶灯	操作检查	功能正常，光线明亮、无闪烁
2	司机台各类按钮、开关、仪表灯和指示灯，以及侧墙开、关门按钮	操作检查	无损坏，安装紧固，功能良好，带保护盖的按钮保护盖无缺失
3	蓄电池电压表、高压电压表	目测检查	无损坏，安装紧固，显示清晰准确，背景光作用良好
4	主控制器（方向手柄、主控手柄、钥匙开关）	操作检查	动作灵活，无卡滞现象，无异物落入，警惕按钮作用良好，联锁正常
5	司机台下部接线	操作检查	排列整齐，连接紧固，无变色，导线断股未超过20%，线号清晰
6	司机台下接线排开盖外观	目测检查	排列整齐，插接紧固，无变色，线槽盖板齐全，安装可靠
7	司机室通风单元外观、功能	目测检查 操作检查	外观清洁，无损坏，安装紧固，通风及加热作用良好
8	司机台扬声器	目测检查	无破损，接线紧固，功能正常
9	遮阳帘	操作检查	遮阳帘动作良好
10	雨刷及水箱	操作检查	雨刷动作良好，喷水正常，水箱无漏水现象
11	挡风玻璃电加热功能	操作检查	挡风玻璃电加热功能正常，发热均匀

（二）电气柜设备

电气柜设备年检内容主要有 5 项：各电气柜外观；各电气柜内部清洁；各电气柜接线；电气空气开关及按钮；各元器件及部件。其检查方法及技术要求如表 2 所示。

表 2　电气柜设备年检内容、检查方法及技术要求

序号	年检内容	检查方法	技术要求
1	各电气柜外观	目测检查	无损坏、无变形，柜门开关、锁闭作用良好，照明灯功能正常
2	各电气柜内部清洁	操作检查	柜体内清洁，无杂物；接线端子排、元器件清洁，无灰尘
3	各电气柜接线	目测检查	接线排列整齐，插接紧固，线号清晰，清洁，无老化、无破损、无烧损
4	电气空气开关及按钮	目测检查	柜内各开关、按钮位置正确；带保护盖开关、按钮状态正常，保护盖无破损，铅封无缺失
5	各元器件及部件	操作检查	继电器、接触器安装无松动，接线良好

（三）内部照明系统

内部照明系统年检内容主要有 6 项：客室照明系统，包括客室照明灯具、客室灯驱动电源、感光探头、调光控制器等；贯通道灯；座位下漫光灯；司机室顶棚灯；司机室阅读灯；柜内照明灯。内部照明系统年检主要采用目测检查和操作检查两种方法，检查是否达到外观无损坏、无变形，电气接线紧固、无松动，灯罩锁扣良好，照明良好，无闪烁等技术要求。

（四）PIS 系统

PIS 系统的主要功能包括：为乘客提供高质量的音视频和文本信息，使旅客及时了解列车的运行情况、到站信息等，方便旅客换乘其他线路，减少旅客下错站的可能性；在发生灾害或其他紧急情况下，进行紧急广播，以指挥旅客疏散，调度工作人员抢险救灾，减少意外造成的损失。

PIS 系统年检内容主要有 6 项：司机室列车广播主机、分屏器外观；广播控制盒 MIC、按键、监听旋钮外观；扬声器外观；乘客紧急报警器外观；LED 动态地图、客室 LED 显示屏及目的地 LED 显示屏功能；客室广播分机、分屏器外观。其检查方法及技术要求

如表3所示。

表3 PIS系统年检内容、检查方法及技术要求

序号	检查内容	方法	技术要求
1	司机室列车广播主机、分屏器外观	目测检查 操作检查	外观无损坏,接口安装紧固、无松动
2	广播控制盒MIC、按键、监听旋钮外观	操作检查	外观无异常、安装紧固,按键无松动
3	扬声器外观	目测检查	安装紧固、接线良好
4	乘客紧急报警器外观	目测检查	外观良好、无松动
5	LED动态地图、客室LED显示屏及目的地LED显示屏功能	目测检查	屏幕无破损,安装紧固无松动,接线良好
6	客室广播分机、分屏器外观	操作检查	外观良好,电气接口无松动

四、结束语

本文探究了悬挂式单轨交通车辆车内电气设备的年检规程,依照设备安装位置及功能,对车内电气设备进行了分类。分析研究了车内电气设备在年检中需要检查的内容、检查的方式及需要达到的技术要求。初步形成车内电气设备的年检规程,由于不同线路车辆的电气设备可能有所不同,可以在此基础上根据实际情况新增或删减需要检查的电气设备。

参考文献

[1] 杨平,鲍玉龙,曾永平,等.悬挂式单轨交通系统桥梁结构的选型设计[J].铁道工程学报,2016(7).

[2] 孟亚.出口格鲁吉亚电动车组电气性能调试方法的研究[J].轨道交通装备与技术,2014(6).

[3] 秦孝峰.西安地铁2号线车辆乘客信息系统[J].电力机车与城轨车辆,2012(2).

[4] 许月.全国首条空轨商业线在湖北开工建设[N].中国知识产权报,2020-07-29.

特殊天气下悬挂式单轨交通应急行车组织研究

胡小依　刘梦君

（武汉铁路职业技术学院）

摘　要

本文针对悬挂式单轨交通的轨道特点，以及悬挂式单轨交通区间乘客救援的困难程度较高，提出在特殊天气下，悬挂式单轨交通应急行车组织的必要性。根据特殊天气的具体情况，对其可能造成的影响进行了分级。根据特殊天气的级别，有针对性地提出了不同级别特殊天气下的行车组织方法，以及具体的行车调整方式。

关键词

悬挂式单轨　特殊天气　行车组织　应急

一、引言

2022年1月，河南郑州"7·20"特大暴雨灾害调查报告公布，调查认定郑州地铁5号线亡人事件是责任事件。由特殊暴雨引发严重城市内涝，涝水冲毁地铁5号线停车场挡水围墙，灌入地铁正线隧道，造成地铁车辆中14人死亡。

然而，国内地铁出现雨水倒灌现象比较少见，地铁行车也并不会因为轨行区积水而立马停运，部分城市地铁行车组织规则也未明确轨行区积水应急预案，部分城市地铁根据积水情况允许列车限速运行。总体来说，并无特殊天气情况下针对地铁的应急行车组织规定。

悬挂式单轨交通系统是使用单根轨道来支撑、稳定和导向，车体悬挂在轨道梁下方行驶的城市轨道交通系统。悬挂式单轨交通车辆通过牵引装置，如车辆走行轮、导向轮等,整体布置于轨道梁内,这样的单轨交通优势与劣势都较为明显。其优势有:①悬挂式单轨采用高架线路,地面空间占用较少;②由于采用高架路线,与其他交通方式隔离开,拥有独立路权,安全快速不受干扰;③车辆悬挂于轨道梁上,乘客视野开阔,便于欣赏风景;④造价比地铁要低。劣势主要有:①运行速度与载客量较地铁低;②因其特殊的高架线路布置以及牵引方式,受天气影响较大;③因车辆悬挂在轨道梁上,在站间区间逃生救援难度较大。

针对悬挂式单轨交通受天气影响较大的劣势,以及目前国内轨道交通应对特殊天气的经验十分缺乏的现象,本文探讨特殊天气条件下悬挂式单轨应急行车组织方式,以及逃生救援方式。

二、特殊天气对悬挂式单轨交通的危害

(一)悬挂式单轨交通的特点

悬挂式单轨交通因其特殊性,对天气较敏感,行车组织受天气影响较大。悬挂式单轨交通根据走行轮与轨道的关系一般分为三种类型(见图1):对称悬挂胶轮型、非对称悬挂钢轮型、非对称悬挂胶轮型。其中受外界干扰最小的是对称悬挂胶轮型,它以底部开口的矩形截面钢箱梁为轨道,车辆通过包裹在钢箱内的胶轮走行。

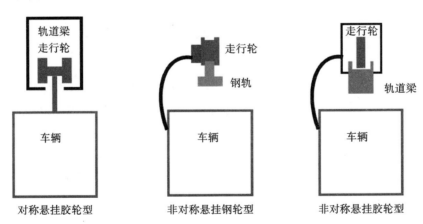

图1 悬挂式单轨交通类型

(二)悬挂式单轨车辆的救援

悬挂式单轨车辆在距离地面10米以上的高架梁下方运行,在特殊天气条件下,车

辆、轨道以及为车辆牵引供电的接触轨都暴露在室外,容易受到特殊天气的侵害。在特殊情况下,列车停在站间区间时,救援难度较大。悬挂式单轨车辆救援方式(见图2)分为三种:水平救援、垂直救援和空地救援。

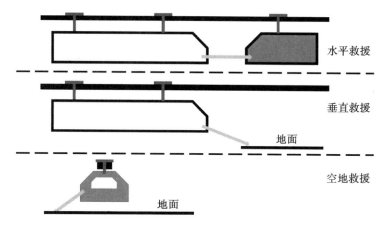

图 2　悬挂式单轨车辆救援方式

悬挂式单轨站间区间救援较为困难,均在 10 米以上的空中进行。其中垂直救援是将靠近列车驾驶室底部的应急门打开,从中坠下至应急逃生滑梯,地面工作人员将滑梯拉紧后,乘客从应急门滑到地面。空地救援是针对有重伤无法行动的乘客,救援人员首先通过消防云梯进入列车内部,建立列车与地面的滑索通道,然后将乘客置于担架上,通过滑索降落到地面。

三、特殊天气条件下悬挂式单轨交通行车组织调整

由于悬挂式单轨交通的特殊性,通过上述研究可知,在特殊天气条件下,对受影响的列车难以进行救援,乘客安全保障性差,因此制订科学详尽的应对计划非常重要。在出现特殊天气时,通过准确及时的行车组织调整,使区间列车能安全准确地进站停车,然后疏散乘客,有效避免在特殊天气下的区间高空救援,显得更为重要。

随着全球气候变暖,特殊天气出现的概率大大提升,呈现增多增强的趋势。中国的特殊天气主要有寒潮、暴雨、台风、沙尘暴等。其中对悬挂式单轨交通行车会造成严重影响的主要是暴雨、台风。

(一)沿海城市特殊天气

研究特殊天气条件下悬挂式单轨交通行车组织,首先需确认特殊天气条件。沿海城市特殊天气主要为台风,可针对沿海城市设置特殊天气应急预案,台风预警信号分为红、

橙、黄、蓝四种。①台风红色预警:6小时内可能或者已经受热带气旋影响,沿海或陆地平均风力达12级以上并可能持续。②台风橙色预警:12小时内可能或者已经受热带气旋影响,沿海或陆地平均风力达10级以上并可能持续。③台风黄色预警:24小时内可能或者已经受热带气旋影响,沿海或陆地平均风力达8级以上并可能持续。④台风蓝色预警:24小时内可能或者已经受热带气旋影响,沿海或陆地平均风力达6级以上并可能持续。

(二)内陆城市特殊天气

内陆城市较常见的特殊天气为暴雨,暴雨预警也分为红橙黄蓝四种。①暴雨红色预警:3小时内降雨量将达100毫米以上,或者已达100毫米以上且降雨可能持续。②暴雨橙色预警:3小时内降雨量将达50毫米以上,或者已达50毫米以上且降雨可能持续。③暴雨黄色预警:6小时内降雨量将达50毫米以上,或者已达50毫米以上且降雨可能持续。④暴雨蓝色预警:12小时内降雨量将达50毫米以上,或者已达50毫米以上且降雨可能持续。

(三)特殊天气条件下悬挂式单轨交通行车组织

当列车司机观察到特殊天气出现,未收到台风预警和暴雨预警时,应立即报告行调。行调了解天气情况后,根据现实情况采取措施,保证运营安全。

当收到台风蓝色预警或暴雨蓝色预警时,列车可收到车载信号时,允许列车正常运行,行调提醒司机注意观察运行情况。运行过程中如果观察到天气情况进一步恶化,应及时向行调报告。

当收到台风黄色预警或暴雨黄色预警时,行调命令列车司机以ATP切除模式限速30 km/h运行,列车折返运行采用RM模式或者以ATP切除模式限速25 km/h运行。

当收到台风橙色预警、红色预警或暴雨橙色预警、红色预警时,全线停止运营。

(1)停靠车站的列车,行调立即发布扣车命令,行调可在"中控""站控"状态下通过MMI进行"扣车/取消扣车"操作;车站可在"站控""紧急站控"状态下通过HMI进行"扣车/取消扣车"操作。所有的"扣车/取消扣车"操作在MMI、HMI、站台TDT上均有相应表示(在MMI、HMI上可区分扣车的来源);在CBTC模式下,所有的"扣车/取消扣车"操作均可在CBTC客车DMI上有相应表示(可区分不同的扣车来源)。在中控时,只能由中心进行"扣车/取消扣车"操作。如遇CATS故障,车站经行调允许后可转入紧急站控取消中心扣车操作。在站控时,中心、车站可同时进行"扣车/取消扣车"操作,遵循谁扣谁放原则。紧急站控时只能由车站进行"扣车/取消扣车"操作。遇紧急情况时,车站值班员或站台有关人员可利用紧急停车按钮进行扣车。

(2)在区间的列车,行调根据其前后方车站情况安排列车前进或退行,前进的列车在无须救援的情况下以 ATP 切除模式限速 5 km/h 运行。如需救援,则优先安排后方列车推进运行救援。

(3)列车因故需在区间退行或列车越过停车标超过可退行距离确需退行时,列车司机应及时报告行调。行调应扣停后续列车,在确认列车退行路径空闲且满足安全防护距离、道岔位置正确且锁闭后,方可发布退行命令,必要时应组织车站行车人员做好引导。推进退行速度不应超过 10 km/h,牵引退行速度不应超过 35 km/h。

(4)区间列车无法运行也无法通过救援列车救援时,行调应立即报告消防部门,安排对车上乘客进行施救。区间疏散乘客必须在得到运营公司主管领导批准后方可进行;区间疏散乘客时,上、下行接触轨必须停电,上、下行线路必须封锁;原则上向就近车站疏散乘客,遇到特殊情况时,向指定方向疏散乘客。

四、结束语

悬挂式单轨交通由于其轨道与车辆的特殊性,区间乘客营救较困难,当出现特殊天气时,及时准确的行车组织调整非常重要。本文根据特殊天气的分类、分级,就具体情况给出了行车调整建议。行车组织以安全运送乘客为首要目的,行车调整必须从乘客安全出发,坚持高度集中、统一指挥、逐级负责的原则。当出现特殊天气时,以乘客安全第一为首要前提进行行车组织。

参考文献

[1] 张吉槐.地铁运营非正常行车组织及要点分析[J].交通世界,2018(29).
[2] 吴宏业.悬挂式单轨交通简介及设计探讨[J].辽宁省交通高等专科学校校报,2019(12).
[3] 顾海艇.旅游轨道交通线路的行车组织方案研究[J].城市轨道交通研究,2021(5).
[4] 毛保华.城市轨道交通运营管理[M].北京:人民交通出版社,2006.

城市轨道交通自动售检票系统站级售检票方式研究

罗 军

(武汉铁路职业技术学院)

摘 要

随着近年来城市轨道交通的发展,城市轨道交通的类型越来越多,如轻轨、地铁、有轨电车、悬挂式单轨等。自动售检票系统作为城市轨道交通中不可或缺的一个重要系统。针对不同的城市轨道交通类型,采取的售检票方式不同,采用的站级售检票设备也不同。本文选取轻轨、地铁、有轨电车和悬挂式单轨,总结分析出了三种售检票方式,并简要对三种售检票方式的特点和优缺点进行了总结。

关键词

自动售检票系统　自动售票机　半自动售票机　自动检票机　售检票方式

一、引言

根据 2020 年 11 月 1 日开始实施的《城市轨道交通分类》(T/CAMET 00001—2020),城市轨道交通可分为地铁系统、市域快轨系统、轻轨系统、中低速磁浮交通系统、跨座式单轨系统、悬挂式单轨系统、自导向轨道系统、有轨电车系统、导轨式胶轮系统和电子导向胶轮系统十类。

二、自动售检票系统简介

自动售检票系统是基于计算机、通信、网络、自动控制等技术,实现城市轨道交通售票、检票、计费、收费、统计、清算等全过程的自动化系统,简称 AFC 系统。

随着信息化的发展,自动售检票系统已成为城市轨道交通不可或缺的一个重要系统。

三、自动售检票系统站级售检票设备和主要功能

自动售检票系统站级售检票设备主要有自动售票机、半自动售票机和自动检票机。

自动售票机通常简称 TVM,它的主要功能有:发售有效单程车票;向车站计算机上传车票处理交易、设备运行状态等数据,接收车站计算机或线路中央计算机下传的命令、票价表、黑名单及其他参数等数据,并能对版本控制参数执行自动生效处理;具备自动接收硬币、纸币、银行卡等一种或数种支付方式,具备硬币找零或硬币、纸币找零功能。

半自动售票机通常简称 BOM,它的主要功能有:发售车票、充值、补票、退款、罚款、更新、分析、交易查询、收益管理、操作登录等票务处理;能与车站计算机进行通信,上传车票处理交易、设备运行状态等数据,接收车站计算机或线路中央计算机下传的命令、参数、票价表、黑名单及其他数据,并能对版本控制参数执行自动生效处理。

自动检票机通常简称 AGM,它的主要功能有:进出通道的通行控制;读写、回收、退还车票和计扣车费;乘客提示信息、运行状态显示和报警;维护人员可登录的操作界面;交易记录和审计数据的生成、存储和传送;在断电和接到紧急放行的信号后,自动打开检票通道。

自动售票机、半自动售票机和自动检票机在与线路中央计算机及车站计算机通信中断时,均能在离线运行模式下工作,并能保存数据;在通信恢复后,自动上传未传送的数据。

四、三种售检票方式

(一)车站售票和车站检票

车站售票和车站检票的方式主要是在车站站厅设置自动售票机、半自动售票机和自动检票机,售票和检票过程均在车站站厅完成。该方式是城市轨道交通中最常见的一种售检票方式,如武汉地铁一号线一期自动售检票系统、武汉地铁一号线二期自动售检票系统、武汉地铁二号线一期自动售检票系统、武汉地铁四号线一期自动售检票系统、苏州轨道交通一号线自动售检票系统,均采用该方式。其中,武汉地铁一号线一期、武汉地铁

一号线二期为轻轨制式,武汉地铁二号线一期、武汉地铁四号线一期为地铁制式,苏州轨道交通一号线为地铁制式。

该方式是最完整的一种城市轨道交通自动售检票方式,该方式自动售检票系统站级售检票设备设置齐全,可以很好地满足大客流情况下的售检票需求,同时支持阶梯票价,适合封闭式车站。缺点是站级售检票设备对车站站厅的空间要求较高,运营人员清点钱箱和票箱的工作量较大,自动售检票系统站级设备的投资较大。

(二)车站自动售票机售票,车辆上检票

该方式主要是在车站设置自动售票机,在车站不设置半自动售票机和自动检票机,在车辆上设置自动检票机,乘客在车站完成购票,在车辆上完成检票。如光谷有轨电车T1/T2试验线工程自动售检票系统在车站设置自动售票机,未在车站设置半自动售票机和自动检票机,所有自动检票机均设置于有轨电车上。自动检票机支持武汉一卡通刷卡、纸质二维码和电子二维码扫码等方式检票。光谷有轨电车T1/T2试验线工程制式为有轨电车。

该售检票方式适用于开放式车站,可以减少自动售检票系统站级设备车站空间的占用,节省半自动售票机的投资,自动检票机可设计精巧,安装于车辆扶杆上,缩小自动检票机的空间占用,可以减除运营人员清点自动检票机、回收票箱的工作量。缺点是在车辆上乘客检票效率不高,不能很好地支持阶梯票价。如果需要实现阶梯票价,则乘客上车和下车均需刷卡,非常影响检票效率。目前,光谷有轨电车T1/T2试验线工程全程采用单一票价,检票仅需上车刷卡。

(三)车站互联网售票与半自动售票机售票结合,车站检票

该方式主要是在车站设置半自动售票机和自动检票机,不设置自动售票机,乘客以互联网为主、以半自动售票机为辅,在车站完成购票,同时在车站站厅完成检票,如光谷生态大走廊旅游专线一期工程自动售检票系统即采用该方式。光谷生态大走廊旅游专线一期工程制式为悬挂式单轨。

该方式是一种创新的售检票方式,目前在城市轨道交通中采用得还非常少。该方式最大的特点是在车站不设置自动售票机,通过采用"互联网+"技术,自动检票机支持传统的一卡通刷卡,也支持通过互联网购票后生成的二维码扫码检票。

该方式在车站不设置自动售票机,可以减少自动售检票系统站级设备车站空间的占用,节省自动售票机的投资,大量减少运营人员清点自动售票机钱箱、补币箱、找零钱箱和票箱的工作量。缺点是对乘客的数字化水平提出了一定的要求,乘客需要具备一定的数字化技能来完成互联网购票,以减少通过半自动售票机的购票需求。该方式适用于客

流较小的封闭式车站。

五、总结

不同的站级,售检票方式有不同的特点和优缺点。对于不同类型的城市轨道交通,可以结合城市轨道交通制式、线路的客流和投资资金等因素,因地制宜,采取不同的站级售检票方式。

参考文献

[1] 《城市轨道交通分类》(T/CAMET 00001—2020)。
[2] 《城市轨道交通自动售检票系统工程质量验收规范》(GB 50381—2010)。
[3] 《城市轨道交通自动售检票系统技术条件》(GB/T 20907—2007)。

基于悬挂式单轨交通的票务规则研究

张美晴　谢淑润　李洁

（武汉铁路职业技术学院）

摘　要

本文根据悬挂式单轨交通的特点，结合现有城市轨道交通的票务规则，制定了适用于悬挂式单轨交通的票务规则，主要包括基本票制，车票种类及使用期限，优惠政策，车票使用规定。

关键词

悬挂式单轨交通　票务规则　票制

一、引言

悬挂式单轨交通作为城市轨道交通的一种类型，具有施工周期短、占地面积小、地形适应能力强、工程造价低、景观效果好等特点。悬挂式单轨交通属于中低运量制式，是城市轨道交通多制式协同发展的补充，适用于客流集散点联络（如机场接驳）、中小城市（特别是多山、多丘陵地带城市）内部交通、旅游区或大型商圈的观光等。尤其在地面道路资源紧张，且远期单向高峰小时客流量小于1.5万人次时，悬挂式单轨交通具有强大的竞争优势。

目前我国国内的城市轨道交通方式较多，截至2020年底已开通的有地铁、轻轨、跨座式单轨、市域快轨、有轨电车等。悬挂式单轨交通在我国是一种新型的城市轨道交通方式，我国不少城市已经建设或计划开建悬挂式单轨交通，然而建成后如何进行运营管理，还缺乏相关经验。

悬挂式单轨交通与地铁、轻轨、有轨电车等有相似之处,但也有其独特之处。悬挂式单轨线路建成后,如何制定票务规则是一个亟待解决的问题。

二、悬挂式单轨交通的基本票制

城市轨道交通票制主要包括单一票制、区间票制、计程票制、计时票制。

(一)单一票制

单一票制是指乘客乘坐城市轨道交通时,不论里程,统一收取固定金额的费用。北京地铁2007年开始实行单一票制,2014年12月28日起改为计程票制,但首都机场线实行票价25元的单一票制,市域快轨大兴机场线商务车厢也采用票价50元的单一票制。除此以外,很多城市的有轨电车也采用单一票制,如武汉车都、光谷有轨电车,深圳龙华有轨电车,广州海珠、黄埔有轨电车,南京河西、麒麟有轨电车,天水有轨电车,以及淮安有轨电车等,均采用票价2元的单一票制;三亚有轨电车采用票价3元的单一票制,珠海有轨电车采用票价1元的单一票制。上海磁悬浮线路普通席采用单程票价50元、往返票价80元的单一票制,贵宾席采用单程票价100元、往返票价160元的单一票制;广州地铁APM线采用票价2元的单一票制。

(二)区间票制

区间票制是指按区间、车站数计价,在设定起价区间基础上每增加若干区间递增票价。目前,地铁方面天津地铁采用区间票制(但其9号线郊区段采用计程票制)。长沙磁悬浮线路也采用区间票制,1区间10元,2区间20元。一些城市地铁在运营初期采用区间票制,如南京、沈阳、哈尔滨、武汉、深圳等开通初期采用区间票制,城市轨道交通成网运营、站间距不均衡后,陆续调整为计程票制。

(三)计程票制

计程票制是指按乘客乘坐的里程数计价。截至2020年底,已开通地铁线路的38个城市,除天津地铁外,其他37个城市(北京、上海、重庆、广州、深圳、武汉、南京、沈阳、长春、大连、成都、西安、哈尔滨、苏州、郑州、昆明、杭州、佛山、长沙、宁波、无锡、南昌、兰州、青岛、福州、东莞、南宁、合肥、石家庄、贵阳、厦门、乌鲁木齐、济南、常州、徐州、呼和浩特、太原)地铁大都采用计程票制。其中哈尔滨地铁2021年9月前采用区间票制,目前已改为计程票制。

（四）计时票制

计时票制通常作为辅助票制来使用，常与其他票制结合使用，来调节峰谷客流。

根据目前城市轨道交通的票制分析可知，单一票制和区间票制票价简单易懂，计程票制计算票价较为精确。悬挂式单轨交通在开通之初，较适合使用单一票制或区间票制，若成网运营后，可改为计程票制。

三、悬挂式单轨交通的车票种类及使用期限

目前各个城市轨道交通运营企业的票卡种类存在较大差异，总体来说有单程票、往返票、储值票、一卡通、员工票、免费票、福利票、测试票、定次票、定期票、纪念票、团体票、纸票等。结合悬挂式单轨交通的特点，悬挂式单轨交通主要可使用以下类型的车票。

（一）单程票

乘客购买后，限本站当日1次乘车使用，出闸时回收。单程票仅限单人、单次于车票发售当日限时使用，仅限于购票站进闸，不能挂失。

（二）乘车码

乘客使用手机扫码进出闸，正常通过闸机"进→出"的车程费，在出闸后，在网络正常时完成扣费。乘车码在乘客进闸的当日、当次使用有效。

（三）纪念票

根据重大节日或有纪念意义的活动，有计划发行的车票，其使用规则以当次发行票卡规定为准。纪念票售出后概不退换，需在规定的有效期内使用，车票不回收、不挂失。

（四）定次票

发行时限定使用次数，在有效期内限单人使用，车票不回收、不挂失、不退票。

（五）定期票

发行时限定使用时间,在限定的时间内(如 1 日、3 日、7 日等)单人使用,不限次数,不限里程,车票不回收、不挂失、不退票。

（六）一卡通

由××城市一卡通有限公司发行,包括一卡通普通卡、一卡通特殊卡。一卡通各类票卡的购买及使用参照××城市一卡通有限公司相关规定执行。

四、悬挂式单轨交通的优惠政策

目前各城市轨道交通主要优惠政策有:针对指定人群有优惠,使用一卡通有折扣,累计消费额达到指定金额有优惠,与其他公共交通方式联乘有优惠。结合悬挂式单轨交通的特点,悬挂式单轨交通主要可使用以下优惠政策。

（一）免费乘车

符合条件的军人、警察、残疾人、见义勇为人员、消防救援人员、老人、儿童等可免费乘车。如现役军人、消防救援人员、革命伤残军人等凭有效证件免费乘车。××城市见义勇为人员及其直系亲属凭××城市见义勇为优惠卡免费乘车。65 岁及以上老年人凭××城市一卡通老年卡免费乘车,××城市一卡通老年卡免费乘坐公共交通(含公交、轮渡、轨道交通等)限 730 次/年。超过限次或过期未年审的××城市一卡通老年卡,使用时须充值,享受××城市一卡通普通卡的扣值优惠。1 名成年乘客可免费携带 1 名身高不超过 1.2 米的儿童乘车。超过 1 名的,按超过人数购票乘车。

（二）折扣优惠

中小学生(具有××城市学籍的普通中小学、中等职业学校学生)凭××城市一卡通学生卡,享受折扣优惠(通常为 5 折、7 折)。凭普通储值票、纪念储值票和××城市一卡通普通卡,享受折扣优惠(如 9 折、9.5 折)。

（三）其他优惠

可根据需要制定累计消费、联乘优惠政策。

五、悬挂式单轨交通的车票使用规定

根据目前各城市轨道交通的车票使用规定，结合悬挂式单轨交通的特点，悬挂式单轨交通主要可制定的车票使用规定如下。

（一）一人一票制规定

乘客凭有效车票乘坐悬挂式单轨交通，实行一人一票制。

（二）儿童乘车规定

一名成年乘客可免费带1名身高不超过1.2米的儿童；超过1名的，按超过人数全额购票乘车。身高超过1.2米的儿童需购全额车票。

（三）携带行李乘车规定

每名乘客可以携带长1.6米，重20公斤，体积0.15立方米，长、宽、高之和1.8米以内的行李。超过上述规定的，一律不得携带乘车。

（四）免费或优惠乘车规定

按照国家、省（自治区、直辖市）、市规定可以免费或者优惠乘车的乘客，可以凭有效乘车证件免费或者优惠乘车。

（五）超时乘车规定

乘客每次乘车从进闸到出闸的有效时限根据最远乘车里程，悬挂式单轨列车的速度及乘客候车、换乘所需的合理时间确定。超过时限时，需另行收取相应费用（定期票、一卡通等除外）。

(六)车票损坏及遗失规定

乘客进入进站闸机后,遗失车票,人为损坏车票,使用过期、伪造、涂改车票或者利用其他欺骗手段乘车的,视为无票或持无效车票乘车,需另交全额车费。

(七)车票进站次序错误处理规定

(1)若乘客持车票或使用手机过闸功能,未及时进闸,自刷卡/扫码起20分钟以内则购票站或刷卡/扫码站免费对车票进行数据更新。

(2)若乘客持车票或使用手机过闸功能,未及时进闸,自刷卡/扫码起达20分钟(含20分钟以上)则购票站或刷卡/扫码站需另行收取相应费用(定期票、一卡通等除外)。

(3)若乘客持非本站单程票入闸,车票已有入闸记录,则回收该单程票。

(八)车票出站次序错误处理规定

(1)若乘客持车票或使用手机扫码过闸功能,未通过进站闸机刷卡就进入付费区,则根据乘客反映的进站车站免费对车票进行数据更新。

(2)若刷卡被他人误用,自刷卡起20分钟以内发放免费出站票,乘客自行投票出站;自刷卡起达20分钟(含20分钟以上)对车票进行数据更新,乘客自行刷卡出站。

(九)××城市一卡通使用规定

使用××城市一卡通乘坐悬挂式单轨交通,应遵守××城市一卡通有限公司相关使用规定。车站客服中心代售××城市一卡通销售版票卡,提供××城市一卡通储值类票卡充值服务。××城市一卡通票卡挂失、退换和年审等业务须到××城市一卡通有限公司指定的服务网点办理。

(十)退票规定

(1)单程票:一经售出不退票(悬挂式单轨交通公司原因导致的除外)。

(2)纪念票、定次票、定期票:一经售出不退票。

(3)××城市一卡通:由××城市一卡通有限公司受理。

六、结束语

本文从现有的城市轨道交通票务规则入手,制定了适用于悬挂式单轨交通的票务规则——近期选取单一票制或区间票制作为基本票制,远期成网可采用计程票制;确定了车票票种及使用期限;制定了优惠人群及优惠方式;明确了车票使用相关规定,可为悬挂式单轨交通运营管理提供借鉴和参考。

参考文献

[1] 朱鹏飞.悬挂式单轨交通的发展现状与应用展望[J].现代城市轨道交通,2020(4).
[2] 唐达颖.城市轨道交通票制研究[J].铁路通信信号工程技术,2021,18(7).
[3] 孙瑞燕,吴金洪,谢美丽,等.城市轨道交通票制与票价研究[J].城市公共交通,2021(3).
[4] 范晓旭.郑州地铁票务政策分析[J].交通企业管理,2021,36(5).
[5] 中国城市轨道交通协会信息.城市轨道交通2020年度统计和分析报告[EB/OL].https://www.camet.org.cn/tjxx/7647.

Chapter 2

高职教育研究

中国特色现代学徒制构建路径

王德洪

(武汉铁路职业技术学院)

摘　要

现代学徒制是职业教育技能人才培养新模式,本文主要分析了中国传统学徒制的优点、国外现代学徒制的长处和中国现代学徒制试点的经验,为立足中国大地办人民满意、符合中国国情的中国特色现代学徒制提供范式。

关键词

现代学徒制　职业教育　中国特色

一、引言

现代学徒制是学校、行业和企业深度参与的人才培养新模式。《中共中央关于制定国民经济和社会发展第十四个五年规划和二〇三五年远景目标的建议》提出"探索中国特色学徒制,大力培养技术技能人才"的发展目标。探索中国特色学徒制是党中央基于国际国内发展环境及我国紧迫的发展任务所提出的具有战略意义的目标规划。探索中国特色学徒制是我国高职院校人才培养模式改革的突破口。要构建完善的中国特色现代学徒制,必须吸收中国传统学徒制和国外学徒制的优点,总结好现代学徒制试点的经验,做好顶层设计,形成中国特色人才培养新模式。

二、中国特色现代学徒制构建路径

（一）吸收中国传统学徒制的优点，为中国特色现代学徒制构建提供养分

中国传统学徒制，也称艺徒制，是指师傅在手工作坊或现场指导徒弟学习技能或技艺的教育形式，这种教育形式在夏商周时期开始出现，在春秋战国时期得到发展，在封建时期逐渐成熟。中国传统学徒制有重视产品质量、强调亲密师徒关系、突出言传身教等优点，这些优点是构建中国特色现代学徒制的基础。

1. 重视产品质量

中国传统学徒制非常重视产品质量，比如"毋或作为淫巧""物勒工名""工师效功"等。"毋或作为淫巧"出自《礼记·月令》，是要求学徒或工匠不能违背度程制作淫邪奇巧的器物。"物勒工名"出自《礼记·月令》，是一种春秋时期开始出现的制度，要求工匠必须把自己名字刻在自己所制造的器物或产品上，以方便管理者检验器物或产品质量，同时也代表工匠对自己所制造的器物或产品质量负责。"工师效功"出自《礼记·月令》。工师是古代官名，是百工之长，主管营建工程和管教百工等事。"工师效功"就是"工师"检验工匠所做的工程或产品质量，如果工程或产品质量好，工匠会被嘉奖；反之，如果工程或产品质量不合格，工匠会被处罚。

2. 强调亲密师徒关系

中国传统学徒制强调亲密师徒关系。中国传统学徒制在早期基本上是父子相传，一部分是师傅把收养的小孩当徒弟，最后才扩展到一般的师徒关系。

3. 突出言传身教

中国传统学徒制采用以言传身教为主的现场教育形式。学徒是在实际生产现场通过边观察、边实践来达到学习技能、掌握技能的目的。师傅会先介绍一些基本知识和注意事项，徒弟在师傅旁边观察师傅的流程、方式、方法；了解了实际生产的流程和工作方法后，徒弟才可在师傅允许下做一些简单工作，简单工作干熟练了，才能在师傅指导下开始一些较复杂或系统的工作，最后逐步过渡到独立工作。

（二）博采国外现代学徒制的长处，为中国特色现代学徒制构建提供借鉴

当前，国际上比较成熟的学徒制模式主要集中在几个经济发达国家，如英国的"三明

治"模式、德国的"双元制"模式及日本的"产学合作"模式等。

1. 完善学徒职教法规

英国政府从1993年开始在英格兰推行现代学徒制。一方面加强监管,为现代学徒制的推行提供监管保障。英国成立学习与技能委员会,并在各地设立分支机构,保证学徒、雇主、培训方的利益。一方面加强立法,为现代学徒制的推行提供制度保障。英国政府2003年颁布了《国家现代学徒计划》,2009年颁布了《学徒制、技能、儿童与学习法案》,为英国现代学徒制的实施提供了法律保障。2015年颁布了《英格兰学徒制培训规格标准》,为英国现代学徒制提供了培训规格标准。由政府提供资助,为现代学徒制的推行提供经费保障。英国的现代学徒制培训项目是由政府资助的公益性项目,学徒在学习期间的费用主要由政府和雇主承担,学徒基本上不用承担费用,还要求雇主必须向学徒支付一定的工资,此举大大提高了学徒参加现代学徒制学习或培训的积极性。

2. 发挥校企"双元"作用

"双元制"职业教育模式是国际公认的较成功的职业教育人才培养模式,也是德国经济腾飞的秘密武器,被西方国家誉为"欧洲师表"。目前德国有超过65%的高中阶段学生接受"双元制"现代学徒制职业教育,学制为3～4年。"双元制"中,"一元"指企业,"一元"指职业学校。"双元制"教育以企业技能培训为主,职业学校理论教育为辅。接受"双元制"培养的学生与企业签订职业教育合同后,学生具有企业学徒和学校学生双重身份,每周3～4天在企业进行技能培训,1～2天在职业学校进行理论学习。

企业技能培训主要是以现场实际操作为主,让学生(学徒)掌握"怎么做"的技能。德国行业协会是企业培训的主管机构,企业要开展职业教育,就必须有行业协会认定的资质。全德国只有约25%的企业具有职业教育资质,多数中、小企业没有职业教育资质,只能通过现代学徒制职业教育的方式储备或培养技能人才。这部分中、小企业的技能培训大都委托由州政府举办的跨企业职业教育中心来实施。

职业学校则以理论教学为主,让学生(学徒)弄懂在实训操作时"为什么要这么做"的理论。德国联邦政府中联邦教育与科研部的职业教育处和经济与能源部的教育政策、职业培训与进修科是德国"双元制"职业教育主管部门,主要是通过完善的职教法律体系规范和约束企业与学校的行为。德国职业学校的主权在各州,由州职业教育委员会管理"双元制"职业教育,由州文教部长联席会议职业教育委员会来协调处理职业教育事务。职业学校根据本州的法规开展职业教育教学。

3. 打通学徒制"天花板"

为了增强现代学徒制职业教育的吸引力,一些国家正在探索建立国家资格框架体系,实现职业教育和普通教育融通,打破现代学徒制职业教育体系的"天花板"。

英国最先实施国家统一的现代学徒制职业教育和普通教育等值的国家资格框架制度,推行职业资格证书与学历证书"双证融通"。目前英国劳动者中有90%以上的人已取得了不同等级的国家职业资格证书。

在德国,一方面,允许已获得高级资格的学生(学徒)不参加额外考试直接进入高等学校学习;另一方面,全日制职业学校增加了学术型课程,让完成了学习的学生(学徒)能够获得高等教育的资格。这样实现现代学徒制职业教育和普通教育深度融合,构建职业教育和普通教育互通的"立交桥",打通现代学徒制职业教育的"天花板"。

(三)总结现代学徒制试点的经验,为中国特色现代学徒制构建提供范式

2011年,我国提出了现代学徒制的概念。教育部把江西省新余市职业教育园区列为国家现代学徒制试点园区,开展现代学徒制试点工作,培养"适销对路"的技能人才,以解决广东、福建等地方出现的"技工荒、用工荒"问题。2014年以后,我国相继出台了《教育部关于开展现代学徒制试点工作的意见》《关于全面推进现代学徒制工作的通知》《关于全面推行中国特色企业新型学徒制 加强技能人才培养的指导意见》等文件,中国特色现代学徒制向纵深推进。2015年至2020年,参加现代学徒制试点单位有562个,试点专业达1000多个,每年有9万余名学生(学徒)受惠。其中,政府牵头的试点项目有20个,重点探索现代学徒制的保障措施;行业牵头的试点项目有21个,重点探索现代学徒制的标准开发;企业牵头的试点项目有17个,重点探索企业参与现代学徒制的模式和途径;院校牵头的试点项目有504个,重点探索现代学徒制人才培养模式。

通过试点,在招生招工一体化、标准体系建设、双导师团队建设、教学资源建设、培养模式改革、管理机制建设等方面已形成了一些可借鉴、可推广的经验,为中国特色现代学徒制构建提供范式。

三、结束语

现代学徒制职业教育既是教育问题也是民生问题,构建中国特色现代学徒制是立足中国大地办人民满意、符合中国国情职业教育新道路的基本要求,要始终坚持党的领导,把握培养技能人才方向,做好顶层设计,吸收中国传统学徒制的优点,博采国外现代学徒制的长处,总结现代学徒制试点的经验,确保现代学徒制职业教育行稳致远。

参考文献

[1] 花鸥,曾庆琪.关于中国特色现代学徒制建设的几点思考[J].江苏经贸职业技术学

院学报,2015(6):80-83.
[2] 吴晶.我国现代学徒制的研究综述[J].中国职业技术教育,2016(31):20-24.
[3] 孙立家.中国古代职业教育的主要教育形式——艺徒制[J].职业技术教育(理论版),2007,28(7):72-75.
[4] 郑新悦.中国传统学徒制与英国现代学徒制的比较研究[EB/OL].https://kns.cnki.net/kcms/detail/detail.aspx?dbcode=CMFD&dbname=CMFD201301&filename=1012438223.nh&uniplatform=NZKPT&v=TmzomJY27j4PhrF％25mmd2FVpxq9gis6QmJbyK5PUJPNhJdKHFU7％25mmd2FEGKZVWDnSnlrXsTE5L.
[5] 黄蘋,辜川毅.德国现代学徒制的改革经验及对我国的启示[J].云南行政学院学报,2016(3):161-165.
[6] 彭明成.中国特色现代学徒制:理论意蕴、实践路径与未来走向[J].中国职业技术教育,2020(31):10-14.
[7] 郭达,申文缙.世界一流学徒制标准探析及启示——基于七国学徒制发展经验的分析[J].职教论坛,2020(7):168-176.

我国现代学徒制研究现状及展望
——基于核心期刊的可视化分析

吕 健

(武汉铁路职业技术学院)

摘 要

为探究我国现代学徒制研究现状,笔者以现代学徒制为主题检索中国知网职业教育类4个核心期刊,选取939篇有效文献,进行可视化分析。研究发现,中国特色现代学徒制人才培养模式已基本形成,该领域研究还需在研究视角、理论研究与实践探索结合、普适性等方面进一步深入。今后一段时间内,结合职业教育"双高计划"完善中国特色现代学徒制培养体系研究是该领域关注的重点。

关键词

职业教育 现代学徒制 可视化分析

一、引言

现代学徒制是通过学校、企业深度合作,教师、师傅联合传授,对学生以技能培养为主的现代人才培养模式。近年来,我国职业教育明确提出要大力发展学徒制,2014年,《教育部关于开展现代学徒制试点工作的意见》的出台与实施,在全国范围内正式启动现代学徒制试点工作。2015年,教育部职成司发布了《现代学徒制试点工作实施方案》,并要求各地各单位根据要求申报。到2019年,教育部先后分三批遴选562家单位作为首批现代学徒制试点单位,并于2018年对首批开展现代学徒制试点单位进行验收检查。现代学徒制改革实施以来,高职院校立足区域特色,充分发挥自身优势,校企共同主导人才培养,取得了明显成效,并促使现代学徒制成为职业教育领域的研究热点。本研究选取 2002—2020 年以现代学徒制为主题的文献,运用知识图谱法和文献计量研究法进行可视化分析,理清该研究领域相关主题的内涵及发展脉络,为构建新时代中国特色现代学徒制体系研究提供借鉴。

二、数据来源与研究方法

(一)数据来源

研究数据的收集是研究的基础性工作,强调客观性、全面性和准确性。为了得到较为客观、全面和准确的数据,本研究以中国知网数据库收录的《中国职业技术教育》《教育与职业》《职教论坛》《职业技术教育》等 4 个职业教育类核心期刊作为主要的文献来源,检索主题为"现代学徒制",时间截至 2020 年。共检索文献 986 篇,剔除一些新书推荐等非专业学术文献,共检索到有效文献 939 篇作为研究样本,文献以 Refworks 格式导出。

(二)研究方法

研究方法主要采用文献计量分析法,利用可视化分析软件 CiteSpace 5.6.R2,通过关键词共现、机构分布、文献耦合等可视化功能,展现和分析学科前沿的演进趋势和知识关联状态,并识别和预测该领域知识发展的新趋势,使得知识结构能够可视化。此外,还结合中国知网计量可视化分析功能,综合分析,揭示我国开展现代学徒制以来的热点问题和内在联系。

三、我国现代学徒制研究的基本情况

(一)文献发表时间分析

20 世纪 80 年代末,国外掀起了学徒制的改革浪潮,多个西方国家纷纷开始对学徒制重新立法,如英国在 1993 年推出了现代学徒制项目,澳大利亚在 1996 年推出了新学徒制项目。自 2002 年以来,我国学者对国外现代学徒制的关注逐年增加,现代学徒制文献发表年份曲线如图 1 所示。根据对图 1 和相关文献的分析,可将我国现代学徒制研究划分为三个阶段。

总体趋势分析

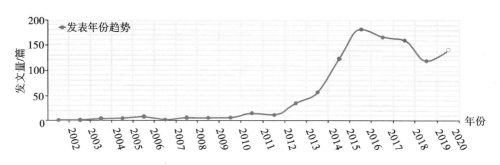

图 1　现代学徒制文献发表年份曲线图

(来源:中国知网计量可视化分析)

1. 第一阶段:2002—2010 年

从检索的 4 个期刊来看,这一阶段发文量普遍偏低,最多一年的发文量为 2010 年 6 篇,收录较早的以现代学徒制为主题的文献是 2002 年郭健在《中国职业技术教育》上发表的《国际职业教育的新观念与新举措》,文中对发达国家在职业教育领域产生的新观念和新举措进行了分析,提出要发展现代学徒制培训机制。从这一时间起点可以看出,我国职业教育现代学徒制研究起步较早,结合相关学者研究内容来看,研究的广度和深度还不够,主要有以下两个方面的原因:第一,相对于普通教育而言,我国职业教育地位偏低、受社会关注度不足;第二,现代学徒制在国外才开始实施,成效还没彰显,影响力不够。

2. 第二阶段:2011—2014 年

在这一阶段,我国现代学徒制研究开始加快,发文量分别为 2011 年 15 篇、2012 年 12 篇、2013 年 35 篇、2014 年 57 篇,国内学者开始探索将现代学徒制引入我国职业教育。2010 年 7 月,我国颁布了《国家中长期教育改革和发展规划纲要(2010—2020 年)》,指出要把职业教育纳入经济社会发展和产业发展规划,促使职业教育规模、专业设置与经济社会发展需求相适应。2013 年 11 月,《中共中央关于全面深化改革若干重大问题的决定》中首次明确提及"产教融合",强调要加快现代职业教育体系建设,深化产教融合、校企合作,培养高素质劳动者和技能型人才。这些文件的出台,标志着随着社会经济的发展,国家在政策指导上越来越强调要将职业教育与产业经济发展相联系,并提出了"产教融合、校企合作"的指导意见。这在很大程度上推动了与产教融合相关的理论研究和实践研究的进展,其中包括对现代学徒制的研究。

3. 第三阶段:2015—2020 年

在这一阶段,我国现代学徒制研究成果凸显。发文量分别为 2015 年 123 篇、2016

年 182 篇、2017 年 166 篇、2018 年 160 篇,2019 年 119 篇、2020 年 145 篇,每年的发文量均为 100 篇以上,我国现代学徒制研究成果主要集中在这一阶段。2014 年 8 月,我国发布《教育部关于开展现代学徒制试点工作的意见》,制定了工作方案,标志着现代学徒制已经成为国家推进现代职业教育体系建设的战略选择。2015 年 7 月,人力资源和社会保障部、财政部联合印发了《关于开展企业新型学徒制试点工作的通知》,明确指出企业新型学徒制是深入实施人才强国战略和创新驱动发展战略的重要内容。2015 年 10 月,《高等职业教育创新发展行动计划(2015—2018 年)》明确提出要开展现代学徒制培养,开展现代学徒制试点(500 个左右),校企共建以现代学徒制培养为主的特色学院,我国现代学徒制试点开始实施。2015 年 8 月,教育部遴选 165 家单位作为首批现代学徒制试点单位和行业试点牵头单位。2017 年 8 月,教育部确定第二批 203 个现代学徒制试点单位。2018 年 8 月,教育部确定第三批 194 个现代学徒制试点单位。随着现代学徒制试点的全面实施,我国高职院校在推行现代学徒制人才培养模式改革方面做了大量的探索和实践,现代学徒制的相关研究文献急剧增长。

(二)文献发表机构分析

由于在现代学徒制领域发表文献的机构较多,所以经整理后,仅统计发文量在 6 篇以上的机构,共有 30 个,见表 1。

表 1　现代学徒制领域发表文献机构分布

序号	机构	数量/篇
1	华东师范大学	37
2	中国教育部职业技术教育中心	18
3	吉林工程技术师范学院	16
4	天津大学	16
5	天津职业技术师范大学	15
6	杭州职业技术学院	14
7	北京师范大学	14
8	江西科技师范大学	13
9	浙江师范大学	13
10	湖北工业大学	12
11	上海师范大学	11
12	长春职业技术学院	10

续表

序号	机构	数量/篇
13	浙江工业大学	10
14	广州番禺职业技术学院	10
15	清远职业技术学院	9
16	南通职业大学	9
17	广州铁路职业技术学院	8
18	广东省教育研究院	8
19	泰州职业技术学院	8
20	广东建设职业技术学院	8
21	河北科技师范学院	7
22	无锡商业职业技术学院	7
23	宁波职业技术学院	7
24	华中师范大学	7
25	中国教育部职业教育与成人教育司	7
26	唐山工业职业技术学院	6
27	宁波大学	6
28	西南大学	6
29	浙江大学	6
30	南京科技职业学院	6

(来源:中国知网检索分组浏览)

对发表文献所属机构近年来发表文献数量和主题进行分析可知:本科院校相应机构科研力量雄厚、学术积淀深厚,研究侧重于理论探讨和政策解读,针对国外现代学徒制相应研究成果多,研究成果为我国职业教育改革发展注入了新思路;高职院校,特别是广东、江苏、浙江等经济较发达地区高职院校现代学徒制人才培养开展较早,在具体实施中取得了一定的成效,对该领域的关注较多,主要研究侧重于实践方面的探索,为职业教育现代学徒制实践研究与理论落地提供了实现平台。

(三)文献合作机构分布分析

通过对CiteSpace软件节点类型选择Institution,阈值默认,运行软件,得到文献的研究机构合作图谱,见图2。

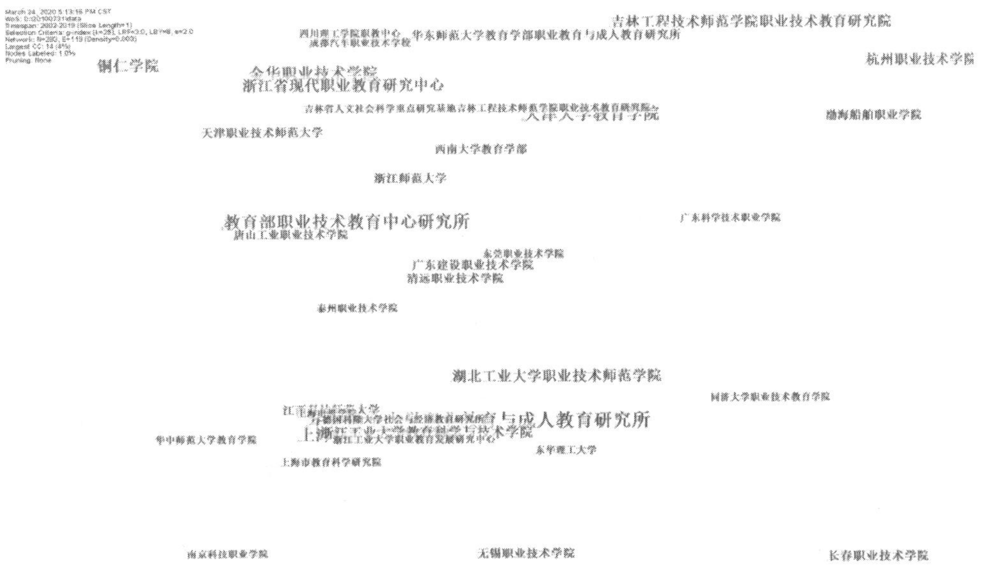

图 2 研究机构合作图谱

(来源:中国知网计量可视化分析)

对上述939篇有效文献的研究机构合作进行分析,得到现代学徒制领域研究成果的空间分布情况,研究机构合作图谱显示节点为283个,边为119条,网络密度为0.003,揭示出各研究机构间存在少许合作关系,较少的合作关系仅局限于某个固定的范畴,如本科院校之间的合作、国家或地方职教研究机构与当地高职院校之间的合作,本科院校与高职院校之间的合作关系较为罕见。说明本科院校与高职院校在此领域的研究还存在一定壁垒,容易造成理论研究与实践研究脱节,这也是该领域研究的一个困扰。

四、我国现代学徒制研究热点可视化分析

(一)关键词共现图谱分析

关键词是反映论文主题概念的词或词组,可鲜明、直观地表达论文主题内容,通过关键词共现分析可确定该领域当前研究热点及过去产生过哪些研究热点。将CiteSpace软件时间阈值设置为2002—2020年,间隔为1年,节点类型选择Keywords,TopN选择N=50,其他参数为系统默认不变。运行软件,可生成我国现代学徒制领域研究热点知识图谱(见图3),其中包含543个关键词和186条连线。分别按高频关键词频率(Frequency)前30和中介中心性(Centrality)大于等于0.1进行统计,见表2和表3。

图 3 关键词共显图谱

(来源:中国知网计量可视化分析)

表 2 高频关键词统计表(Top30)

No.	Keywords	Frequency	Centrality	Year
1	现代学徒制	553	0.27	2003
2	职业教育	172	0.36	2004
3	高职院校	103	0.14	2010
4	校企合作	98	0.19	2007
5	学徒制	85	0.21	2006
6	产教融合	59	0.11	2014
7	英国	58	0.13	2003
8	高职教育	56	0.11	2010
9	"双高计划"	53	0.05	2019
10	企业	49	0.09	2005
11	人才培养模式	47	0.06	2011
12	人才培养	34	0.06	2013
13	企业管理	34	0.08	2005
14	学徒	25	0.07	2009
15	工匠精神	25	0.03	2016
16	德国	23	0.05	2006
17	高职院校	22	0.04	2014
18	学校	21	0.05	2005
19	教育部	19	0.02	2014
20	课程体系	19	0.03	2016

续表

No.	Keywords	Frequency	Centrality	Year
21	专业群	18	0.02	2017
22	教育行政组织	18	0.06	2013
23	"双高建设"	17	0.02	2019
24	学堂	17	0.06	2005
25	现代职业教育体系	17	0.04	2010
26	学徒培训	16	0.10	2004
27	"双高"	14	0.02	2019
28	利益相关者	14	0.01	2013
29	澳大利亚	14	0.02	2004
30	现代职业教育	13	0.02	2014

(来源:中国知网检索分组浏览)

表3 中介中心性统计表(≥0.1)

No.	Keywords	Centrality	Frequency	Year
1	职业教育	0.36	172	2004
2	现代学徒制	0.27	553	2003
3	学徒制	0.21	85	2006
4	校企合作	0.19	98	2007
5	高职院校	0.14	103	2010
6	英国	0.13	58	2003
7	产教融合	0.11	59	2014
8	高职教育	0.11	56	2010
9	学徒培训	0.10	16	2004

(来源:中国知网检索分组浏览)

从中可以看出,频次较高的关键词有现代学徒制、职业教育、高职院校、校企合作、学徒制、产教融合、英国、高职教育、"双高计划"、企业、人才培养模式等;中心性较高的关键词有职业教育、现代学徒制、学徒制、校企合作、高职院校、英国、产教融合、高职教育、学徒培训等。其中,关键词学徒培训虽不属于高频次,但是结合中介中心性来看,它也是现代学徒制研究中的一个热点。

(二)研究知识演进

在CiteSpace软件中将关键词图谱呈现方式调整为timezone后,如图4所示,图谱中圆形节点代表文献中的关键词,其节点越大表示被引的次数越多。从图中可以较为清晰地看出学徒制领域内研究热点的演进特征,其不同时期对应的关键词与我国职业教育发展历程相适应。

图 4 关键词时序图谱

(来源:中国知网计量可视化分析)

五、研究结论

(一)国外现代学徒制研究是我国现代学徒制研究的起点

最初的研究成果出现于 2002 年,仅是对国外现代学徒制的介绍。这一阶段(2002—2010 年)的高频关键词有现代学徒制、英国、职业教育、澳大利亚、企业、学徒制、德国、校企合作、高职教育等,许竞、蔡泽寰、关晶等众多学者对英国现代学徒制开展研究。2008年,翟海魂提出可借鉴发达国家现代学徒制经验,在我国推行现代学徒制,以解决工学结合脱节问题,标志着现代学徒制进入我国职业教育领域的研究视角,由此开始了国内现代学徒制的探索。

(二)国内理论构建为现代学徒制试点提供了支撑

学者们在比较分析国外现代学徒制特点的基础上,对我国实施现代学徒制进行了探讨。2011 年,陈俊兰从我国制度和机制方面对我国推行学徒制进行了研究,提出市场与企业的需求是学徒制得以存在与继续发展的根本原因,学徒制自身的运行机制也是决定其能够继续发展的重要原因。同期,我国部分高职院校也开始了现代学徒制先行先试。例如,湖北职业技术学院 2011 年在建筑工程技术专业对现代学徒制人才培养模式进行了研究与实践。四川交通职业技术学院在汽车运用技术专业将学徒制"全程教育、以技能为中心、现场学习"的理念和特点融入订单培养,探索和实践现代学徒制。浙江工商职业技术学院在借鉴吸收现代学徒制的基础上,推行"带徒工程",提出在推行现代学徒制中要注重营造企业参与职教的整体环境,引导高职教育形成校企合作的内涵发展模式,建议我国高职教育试行现代学徒制时宜采取试点先行、逐步推进方式。2014 年,我国发布《教育部关于开展现代学徒制试点工作的意见》,我国现代学徒制改革开始实施。

(三)中国特色现代学徒制人才培养模式初步形成

2014 年,在教育部的统一安排下,现代学徒制试点工作正式启动。按照文件要求,在积极推进招生与招工一体化、深化工学结合人才培养模式改革、加强专兼结合师资队伍建设、形成与现代学徒制相适应的教学管理与运行机制等方面进行了积极探索。经过三轮建设,积累了许多宝贵的经验,通过实践和理论研究相互印证,产生了非常丰富的研究成果,构建中国特色现代学徒制条件已成熟。2019 年 5 月,教育部发布《关于全面推进现代学徒制工作的通知》,要求总结现代学徒制试点成功经验和典型案例,在国家重大战略和区域支柱产业等相关专业,全面推广政府引导、行业参与、社会支持、企业和职业学校双主体育人的中国特色现代学徒制,标志着现代学徒制全面在我国实施。

六、研究不足

(一)研究视角不开阔

现有成果的研究视角主要为高职院校,鲜有从中等职业教育、企业、行业和学生家长的角度展开,对于中等职业教育现代学徒制实施情况、企业在实施现代学徒制中的主体地位、行业在学生培养质量评定中的作用、学生家长对学徒制培养效果的重要影响等方面研究较少,不利于我国现代学徒制体系的完善。

(二)理论研究与实践探索结合不密切

不同背景、不同学科的研究机构合作较少,整合能力不足。特别是经过三批现代学徒制试点,虽然取得了较多的实践经验,但针对理论层面的提炼和总结还比较缺乏,对实践基础上的理论升华和理论指导下的具体实施还缺乏系统的研究。

(三)研究普适性不足

现代学徒制试点实践证明,现代学徒制实施受地方政策、学校情况和区域经济环境的影响较为明显,不是所有的专业都适合开展现代学徒制,在现代学徒制推行中,针对不同的行业、不同的产业形态、不同的区域产业优势开展的研究还不足。

七、结束语

通过分析我国现代学徒制相关文献,并结合该领域研究中存在的问题,笔者提出以下建议:首先,扩大研究视角,从行业企业、学生家长、社会等角度拓宽该领域相关研究;其次,扩大研究领域,研究领域应从高职院校扩大到包括中职教育的整个职业教育范畴;最后,扩大研究深度,随着我国职业教育"双高计划"的全面实施,现代学徒制进入全面推进和推广阶段,如何完善政府引导、行业参与、社会支持、企业和职业学校双主体育人的中国特色现代学徒制培养体系的研究还有待深入。

参考文献

[1] 王雯,刘超洋,邱瑶,等.国外学徒制近十年研究进展——基于Citespace软件的可视化分析[J].现代教育管理,2016(11):82-86.

[2] 郭健.国际职业教育的新观念与新举措[J].中国职业技术教育,2002(20):56-57,59.

[3] 刘晶晶,杨斌.我国职业教育产教融合研究现状及发展趋势——基于CiteSpace的可视化分析[J].当代职业教育,2018(6):32-39.

[4] 翟海魂.实施现代学徒制 深化工学结合[J].职教论坛,2008(1):1.

[5] 陈俊兰.中国学徒制的现实与运行机制研究[J].教育与职业,2011(33):19-22.

[6] 杨小燕.现代学徒制的探索与实践[J].职教论坛,2012(9):17-20.

[7] 张启富.我国高职教育试行现代学徒制的理论与实践——以浙江工商职业技术学院"带徒工程"为例[J].职业技术教育,2012,33(11):55-58.

高职院校学生党员发展质量保障机制研究

蓝 镭

（武汉铁路职业技术学院）

摘　要

本文通过对武汉铁路职业技术学院学生党员发展工作现状开展研究与剖析，从"端正学生入党动机、严把党员入口关、构建三全育人工作格局、联动校外资源双重培养"等方面入手，提供了关于建立健全学生党员引领机制、准入机制、培养机制和跟踪机制的具体意见，进一步构建高职院校学生党员发展质量保障机制。

关键词

高职院校学生　党员发展　质量保障机制

一、引言

高职学生党员是社会主义党员队伍的重要组成部分，加强学生党员队伍建设，做好新形势下学生党员发展和教育管理工作，必须坚持党要管党、从严治党，按照党员发展"十六字"方针（控制总量、优化结构、提高质量、发挥作用）的总要求，以提高发展质量为核心，以加强教育培养为重点，以完善管理服务为基础，不断提高工作水平，努力建设一支信念坚定、素质优良、规模适度、纪律严明、作用突出的学生党员队伍。

二、加强高职院校学生党员发展工作的重要意义

（一）实施"科教兴国、人才强国"的战略需求

坚持社会主义办学方向，为党的事业培养合格建设者和可靠接班人，职业教育与普通教育有着同等重要的地位。特别是国家进入新发展阶段，产业升级和经济结构调整不断加快，各行各业对高素质技能人才的需求愈加迫切，职业教育为国家经济社会发展提供人才支持和智力支撑的重要地位日益凸显。因此，加强高职学生党员发展工作，既是贯彻党的教育方针、落实立德树人根本任务的客观要求，也是服务"科教兴国、人才强国"战略的具体体现。

（二）全面加强大学生思想政治教育的有效途径

面对纷繁复杂、思想文化多元的国内外环境，如何引导大学生树立正确的"三观"，始终保持清醒的头脑和正确的认识？关键是要抓好马克思主义理论教育，用好党的政治优势和组织优势，发挥学生党员的先锋模范带头作用。因此，必须要高度重视学生党员发展，坚持标准、保证质量，把优秀大学生吸纳到党的队伍中来，不断加强学生党员的先进性教育，凝聚更多的青年学生紧密地团结在以习近平同志为核心的党中央周围，自觉将个人的前途和国家的命运结合在一起，为实现"两个一百年"奋斗目标而拼搏奋进。

（三）充分展现学校人才培养质量的亮丽名片

作为学生群体中的先进人物和杰出代表，学生党员是学校人才培养质量的一张明信片。从某种角度看，他们的综合素质成为社会各界了解学校人才培养质量和综合办学实力的一个窗口，是学校树立良好形象、提升社会地位的重要一环。因此，要认真做好学生党员的培养考察工作，切实提高学生党员的发展质量。通过教育培训和实践锻炼，加深学生对党的路线、方针、政策的理解，提高学生对国内外形势的科学判断，引导他们牢固树立共产主义远大理想，自觉地接受党的统一领导。认真学习专业知识，努力练就扎实本领，不断提升个人综合素养，随时准备为国家的繁荣富强贡献力量。

三、高职院校学生党员发展工作存在的问题

（一）基层党务工作队伍的稳定性不强

近年来，高职院校的招生规模在迅速扩大，学生数量不断增长。相比而言，学生党员的发展名额却持续紧缩，上级党组织对党员发展质量和规模提出了更高要求，制定了更加严格的选拔标准。目前，学生党员发展工作的保障机制还不够健全，学生党务工作者大多由学生辅导员或教师骨干兼任。一方面，工作队伍的稳定性不强、人员变动较大，以老带新的作用发挥不够明显，客观上容易打击党务工作者的积极性。另一方面，党务工作者不仅要兼顾党员培养考察工作，还要处理琐碎的行政事务和繁重的教学任务，有限的时间和精力使得他们难以将学生党员发展工作做实做细，或多或少存在工作不够细致、教育环节有所简化的现象。

（二）顶岗实习学生党员的考察联动性不够

通常情况下，高职院校的学制要求是三年，比普通本科院校的学制缩短了整整一年。以武汉铁路职业技术学院为例，学生前两年半时间在校学习，剩余半年时间外出顶岗实习，部分企业订单培养的学生还要在此基础上提前半学期参加企业的实习培训。缩短的学制安排给学生党员培养工作带来了一定的挑战，极个别在外实习的学生党员，由于党性锤炼还不够，思想境界不高，党性认识不深刻，容易在远离党组织的考察视线后产生错误想法和侥幸心理，放松对党的政治理论学习及自我约束，大大降低了用党员标准严格要求自己的自觉性。

（三）考核发展学生党员的周期短、覆盖面窄

按照党员培养考察程序和学制安排，能够在毕业前发展成为预备党员的，往往是第一批提交入党申请书且能够顺利通过考察的学生，大多数还在一定程度上表现出"主要学生干部"的共性。即便如此，这类学生也难以在毕业前按期转正，从预备党员到正式党员这个阶段就已脱离了学校的观测、培养范围。此外，剩余很大一部分学生更是因为个人表现不够突出或考察时间不够，无法在毕业前被推荐为入党积极分子、发展为预备党员，而企业（单位）对这个群体的接续培养又容易受到多种因素的影响，极易打击学生的积极性和进取心。

四、构建高职院校学生党员发展质量保障机制的对策

(一)健全学生党员引领机制,端正学生入党动机

坚持开展"时政360"主题教育活动,利用每周四晚自习的时间,对全校学生开展一期时政学习主题教育。丰富学习内容,创新学习形式,带领广大青年学生深入学习领会习近平新时代中国特色社会主义思想、党的十九大报告等最新讲话精神和理论成果,引导学生进一步增强四个意识,坚定四个自信,坚决做到两个维护。创新开展"大国工匠进校园"活动,广泛邀请杰出校友、优秀党支部书记、技术技能人才为大一新生做辅导报告,用突出的个人事迹和生动的成长故事在学生的心中种下理想的种子,为学生的发展进步树立榜样与标杆,培养他们为实现远大理想而努力学习的奋斗精神、扎根平凡岗位做贡献的钉子精神。通过榜样的力量,不断提升学生的思想境界,端正学生的入党动机,力争将他们培养成甘愿为社会主义、共产主义奋斗终生的先锋战士,成为对社会有用、能报效祖国的栋梁之材。

(二)健全学生党员准入机制,严把党员入口关

1.把牢党员发展"入口关"

注重全面考察学生思想政治、能力素质、道德品行、现实表现等方面的内容,既考察他们对党的思想认识,更看重他们积极向党组织靠拢的实际行动;既参考他们的学习成绩,更关注他们的综合表现;既看学生的自我评价,更看他们的群众评议,坚持把学生的一贯表现和关键时刻表现充分结合起来,从源头上提高党员发展质量。例如,在推优工作中,要求学生各科课程成绩平均在75分及以上(无不及格课程),日常表现(操行分)在80分及以上,志愿者服务时间(含公益劳动)一年累计达到10小时及以上,星级宿舍(或个人)一年来累计二星及以上等。

2.健全入党积极分子培养推荐制度

以学习党章为重点,以加强思想上入党为核心,做好入党积极分子的培养推荐工作。定期开展党校班培训,根据入党积极分子思想状况,有针对性地制定培训计划和培训内容。灵活运用辅导报告、专题讲座、集体研讨、实地参观、榜样引领、朋辈激励等形式,对入党积极分子进行党的知识理论教育,使他们加深对党的认识和了解,进一步坚定理想

信念。例如,组织入党积极分子成立"文明纠察小分队""青年志愿服务队",充分培养入党积极分子的主人翁意识、奉献精神和党性修养。

3. 严格落实党员发展"十六字"方针

坚持按照党章规定的党员标准严格发展党员,重点突出党员的先进性和纯洁性,从理想信念、党的观念、纪律意识、群众观点、模范作用等方面进一步明确党员发展的具体要求。重点关注学生是否具有共产主义理想信念,是否以党员标准严格要求自己,是否带头在日常学习生活中发挥先锋模范作用,是否立志为实现中华民族伟大复兴的中国梦而努力奋斗等。例如,明确入党积极分子的发展前提是"思想道德基础与法律修养""毛泽东思想和中国特色社会主义理论体系概论"单科成绩达到 80 分以上,将学生的理想信念和思想政治修养摆在首要位置。

(三)健全学生党员培养机制,构建三全育人工作格局

1. 加强党务工作队伍建设

一要选优配强学生党支部书记,真正把党性观念强、业务素质高、道德修养好、责任意识强的学生辅导员或教师骨干选拔为学生党支部书记。二要完善党务工作人员的培训教育计划,提高党务工作者和党员的业务素质,规范落实学生党员的培养考察工作。三要建立发展党员工作检查考核制度,将检查结果作为评优评先、考核排名和绩效分配的重要依据,激发党务工作者和基层党组织的积极性和责任心。

2. 完善学生党员培养体系

一要遵循学生思想成长的规律和组织发展程序,以培养高素质党员目标为导向,科学设计学生党员教育培养体系。坚持持续改进的质量观,制订科学合理的培养计划,采用组织教育与自我教育相结合、课堂教育与实践锻炼相结合的培养模式,将教育内容贯穿到党员培养的每一环节。二要强化学生党员在组织生活中的党性锻炼,突出党内政治生活的教育功能,紧密结合时事热点,定期组织学生开展主题活动,通过交流讨论和集体思考,加深学生党员对时事热点问题的判断与认识,引导他们树立正确的世界观和人生观,在学生中发挥好"传帮带"作用。

3. 健全学生党员考察机制

一是推行学生党员亮身份制度,要求学生佩戴身份牌,亮明党员身份,时刻提醒自己注意个人言行、展现良好素质、接受师生监督,用实际行动证明"一名学生党员就是一面先锋旗帜",不断增强学生党员的使命感和责任感。二是设立党员示范岗,结合宿舍文化

建设,鼓励学生党员带头遵守宿舍行为规范,模范创建文明寝室,影响和带动更多同学;成立"学生党员巡逻队",主动发现并及时制止学生在公共场合抽烟、随地扔垃圾等不文明行为,提升学生党员的责任意识和主人翁精神,发挥学生党员的引领作用。

4.构建协同育人工作格局

建立党委统一领导,党委组织部规划协调,党委学生工作部、校团委和二级学院党总支、直属党支部相互配合、相互衔接、齐抓共管、层层落实的学生党员培育发展的有效工作机制。一是落实学校领导班子成员、教师党员干部一对一联系学生党员制度,通过大范围接触、多渠道考察,把优秀学生推荐给党组织加强培养,不断为党员队伍补充新鲜血液。二是开展"五帮五促"工作,调动中层干部深入学生党员交心谈心,紧紧围绕"思想解惑促成长、心理解压促健康、学习解困促提升、生活解难促信心、就业解忧促发展"等五个方面的内容,做好学生的教育引导和人文关怀工作,有效促进学生成长成才。

(四)健全学生党员跟踪机制,联动校外资源双重培养

要注重吸纳校内外两种资源,一是选拔具有"双重身份"党员教师作为学生党员的培养联系人,保证学生在校外实习期间,学生的培养联系人既可以担任学生的专业指导教师,也可以兼顾学生的培养考察工作,将学生的专业成长与政治进步结合起来,保证实习学生的发展质量。二是建立校企联动培养机制,加强与实习企业的沟通交流,以实习点为单位建立学习小组、制定学习主题,邀请企业技能人才、岗位标杆、党员干部为学生党员做辅导报告。联合企业党支部,结合学生的专业知识和实习岗位开展活动,充分调动学生开展集体讨论、交流心得、总结经验,提高学生党员的学习效果以及党组织的凝聚力,确保学生离校不离党、离校不离学、培养教育不断线、工作学习"两不误",技术提升和思想发展"两促进"。

五、结束语

高校学生党员是学生中的骨干分子,学生党员队伍建设是高校党的建设的基础工程。构建高职院校学生党员发展质量保障机制,提高学生党员队伍整体素质,增强党员队伍的生机活力,夯实高校党建工作基础,对培养中国特色社会主义事业合格建设者和可靠接班人,实现中华民族伟大复兴的中国梦具有重大而深远的意义。

参考文献

[1] 王振丰,曾小贵.高职学生党建工作调查报告及党员发展质量保证体系探析——以

广西建设职业技术学院为例[J].学术论坛,2013,36(6):242-245.
[2] 郑伟光,杨越,金冰.从严治党常态下高职学生党员发展工作的质量保障体系建设研究——以绍兴职业技术学院为例[J].研究与探讨,2016(45):198-199.
[3] 徐勇.高职学生党员质量体系的实践探索——以江苏建筑职业技术学院为例[J].学校党建与思想教育,2012(21):23-24.
[4] 廖翠玲,黄秋芬.高职院校学生党员发展工作中存在的问题及对策研究[J].马克思主义文化理论,2019,3(4):8-9.
[5] 张学芳.严格标准 严格程序 严格培养 严格责任——构建高职院校学生党员质量保障体系[J].科教导刊,2018(22):95-97.

新冠肺炎疫情背景下大学生心理健康与应对措施研究

丁 冬

(武汉铁路职业技术学院)

摘 要

当前的新冠肺炎疫情,对于大学生来说,容易产生一些不良的应激情绪,而如何应对是一个强大的压力源。作为教师,我们如何正确疏导学生,使其保持健康的心理,成了重要的研究课题。本文探讨该压力源带来的正面影响,高校应该正确引导学生面对压力,通过线下线上相结合,从心理和生活上帮助他们。教师在与大学生的相处中,应该作为朋友去带领他们积极生活。本文针对大学生群体,在新冠肺炎疫情下,学校及教师如何应对学生产生的问题和疑惑进行论述,通过一些具体方法帮助学生去调整心态,使其做好卫生防疫,形成积极情绪,配合学校管理。

关键词

心理健康 应激情绪 大学生 应对措施

一、引言

在日常生活中,一些突然的刺激源,例如新冠肺炎疫情的到来,会使我们产生不可避免的生理和心理反应。换言之,在外界有潜在的危险或者不同寻常的变化时,我们的生理和心理状态会发生一定的改变,做出一系列的调整去应对,这种现象被称为应激反应。对于正处在校园中刚迈入成年的大学生来讲,他们会更加关注社会事件与自身发展,同时对周边事物的责任感也在不断提高,当前的新冠肺炎疫情有可能成为其隐形的压力源;同时,由于社会经验不足,他们对待这种突发事件可能会感到束手无策,从而产生一些不良情绪。

近年来,国内众多学者对新冠肺炎疫情背景下学生心理调适与对策进行了大量研究。主要研究在新冠肺炎疫情下,高校所面临的严峻挑战和应对措施,以及不同学生群体面临问题时的差异性和大致应对方式。目前针对大学生由于疫情产生的潜在心理问题,高校如何考虑问题并提出具体方法来予以解决,还需进一步探讨。如高爽(2021)研究疫情期间通过线上教学来进行学生心理健康教育。张玮、马姗姗和毛星懿(2021)通过采用"响应式"线上教学,实现线上线下有机结合,提升心理育人质量。李玲和黄燕苹(2021)在此基础上提出工作建议,如加强伦理培训与监管,提高心理援助者的工作胜任力,加强灾后长期心理援助工作。疫情防控背景下,重视学生心理健康问题,维护学生心理健康,成为高校全员、全过程、全方位育人的新命题。

本文针对大学生群体,在新冠肺炎疫情下,学校及教师如何应对学生产生的问题和疑惑进行论述,通过一些具体方法帮助学生去调整心态,使其做好卫生防疫,形成积极情绪,配合学校管理。

二、应对措施的背景和基础

突如其来的疫情,使涉世未深的学生们措手不及,教师需要关注并帮助他们调整心理状态以应对当前的社会变化。大学生往往更具有独立性,教师要在平时的教学中多关注其心理状态,在学生遇到问题时给予其足够的关注和及时的心理疏导,鼓励他们寻求学校的心理咨询服务,让学生在教师的帮助下及时解决疫情带来的心理健康问题。长此以往,学生能对教师和学校产生信任感和依赖感,当自己出现问题时,能够想到去寻求教师和学校的帮助,这样也能更好地解决学生的心理健康问题。

学生在面临新冠肺炎疫情的不确定性时,会产生一些应激反应。如学生对病毒传播感到恐慌,对出行不便感到焦虑,对减少人际交往感到不适,这些都是正常反应。从人类进化和个体生存的角度看,产生这些应激情绪往往可以产生一些正面的适应影响。例如害怕和焦虑这些情绪,往往使人们迅速察觉到危险并对此予以警觉,调整自身的心理状态和机体能量,从而避免一些潜在的风险。在疫情期间,高校教师应该保持适度的紧张和警惕,给学生们明确提示,同时鼓励学生面对焦虑情绪,充分理解疫情还没有结束,外面还存在一定危险,在人群密集的学校,大学生应该更加注意,戴口罩少出校,对自身和身边同学都认真负责。教师在面对学生的不良情绪时,理应正确教导学生承认和接受自己的恐惧和焦虑情绪,同时引导学生了解和接受自己的应激情绪,通过科学的防疫措施和合理安排生活与学习来规避风险,减少危险。

在这种情况下,如何调整心理健康的应对措施应当不仅具有科学性,而且具有实用性。对此,高校应该积极开展教学调整,以此在危机背景下为大学生提供心理帮助。

三、应对的具体措施

为了应对新冠肺炎疫情对高校学生产生的影响,教师应该积极响应学校的安排,针对不同的校情和大学生的年级层采取不同的应对方式,采取适当措施帮助学生改善心态。

(一)线上线下心理辅导相结合

高校应该结合现有的一些信息技术,以群讨论等方式来开展对学生的线上心理辅导,让学生与教师的交流不受地域和时间的限制,通过有效方式更好地表达自己的想法。同时,线上运行能使教师更加方便地为学生提供心理健康咨询和心理辅导。教师和学生的无障碍交流可以使学生的心理问题不会累积,这样当学生对疫情出现心理焦虑等问题时,可以想到通过线上方式去寻求教师的帮助,把教师当作朋友去谈心,把自己的心理问题倾诉出来并共同找到解决方法。线上方式能更好地让学生克服自身在面对面心理咨询过程中所产生的抗拒性,也能让学生更好地倾诉心声,让教师更好地理解并帮助出现心理问题的学生。同时,在线下教育中,教师应督促学生合理作息,保持良好的学习和生活节奏。合理规划,有效学习,鼓励每一名学生都给自己列一张家庭学习和生活清单,让自己感到快乐和富有成效,并有计划地实施。大学生除了学习以外,积极休闲也很重要。积极休闲是指需要开动大脑和思想来享受乐趣的休闲活动。

已经进入大学的学生,应该在学校学会照顾自己,做到对自己负责,让自己保持足够的休息,不让疫情太多地影响情绪。同时,使学生减少不必要的烦恼,寻求支持系统并积极沟通。沟通是释放情绪的有效方式,高校教师应做到线上教育、线下帮助,做到理论与实践相结合。大学生离开家庭步入校园,教师应积极引导他们,不仅从心态上,更应从日常生活作息上帮助他们。

(二)加强德育

疫情会给学习和生活带来不便,特别是大学生已经成年,有自己的独立想法,从而滋生了很多心理问题,过度担心感染,引起心理恐惧。高校教师应该帮助学生更有针对性地在疫情下处理自己的心理问题。

当前的课程标准继续强调大学生在学习过程中应全面提高综合素质和能力。学生不仅要在应试能力上得到有效锻炼,而且要在人生观、价值观、世界观的培养过程中得到显著提升。在这个实践过程中,教师的帮助非常重要。在当前环境下,对学生进行全面的素质、能力和道德教育,使学生形成正确的人生观、价值观和世界观十分重要。从当前具体的社会事件和当前展示的先进人物中得到有效启发,使学生在此过程中培养自己的道德品质,最终实现综合素质和能力的全面提高,缓解他们的心理焦虑。

疫情阶段出现的特殊事件可以突出不同行业的人的道德品质。我们要把这些告诉学生,告诉他们面对疫情不要害怕,而是共同渡过难关。同时,他们面临职业选择的十字路口,通过这些社会事件,例如,在医务人员身上可以看到无私无畏的奉献精神,普通人自愿捐赠财物,人们争当"逆行者",等等,学生能在实例中得到启发,从而帮助他们进行职业选择,在他们的日常生活中起到正面影响。在课堂教学中,教师可以有效地向学生讲解这些事例,让学生从这些具体的社会人物中得到道德品质和能力上的培养,让学生树立正确的人生观、价值观和世界观,提升自己的道德品质和能力。

(三)合理锻炼

锻炼是缓解心理压力的有效手段。从心理学的角度来看,有目的、有计划的锻炼可以缓解消极情绪。

锻炼可以让学生忘记焦虑,激发正面情绪。教师应该鼓励学生锻炼身体、调节心理。作为大学生,其身边的朋友和所处的环境较初中、高中时更为复杂,同时也更具有表达欲和更多的精力去宣泄情绪。教师应该引导学生用运动这种积极的社会交流去取代不良行为。运动从古至今,都是一项可以促进生理和心理健康的项目,它可以转移人们对不满和难过的注意力,减少焦虑和抑郁等负面情绪。

大学生相比其他群体而言,有更多可支配时间,同时,刚步入社会的他们,有时不能很好地规划自己的时间。教师应该多鼓励学生去锻炼,而不仅仅局限于学习和休闲。锻炼不仅有助于提高身体机能,而且有助于减少精神紧张,增加愉悦感。好心情来自正确的认知和信心。因此,在锻炼的同时,也要调整心态:做好能做的事情,忽略无法控制的事情。我们应该更加关注过程,并期待好的结果。

四、结束语

通过研究大学生在新冠肺炎疫情下的心理变化,所面临的问题,以及具体的应对措施,得出如下结论。

(1)在疫情来袭的背景下,大学生产生一些应激情绪是正常的,教师不应否定这些情绪,而应引导学生去面对它们,发挥正面效应。通过关注每个学生发生的细微变化,鼓励他们积极应对,通过科学防疫和调整心理健康来避免不良情绪的产生。

(2)基于大学生群体的特殊性,需要考虑其年龄和地域的差异性,通过不同的应对方式来调整出最佳的措施,帮助其改善自己的心态。通过对社会事件的了解,使初入社会的他们具有责任感,面对疫情不自怨自艾,而是通过实例启发自己,在职业和人生的选择中,树立正确的人生观、价值观和世界观,提升自己的道德品质和能力。

(3)锻炼也是缓解学生焦虑的重要方法,大学生有更多的时间安排自己的日常生活,教师应该鼓励学生多锻炼。学生的心理素质和身体素质一样,需要平时多锻炼,教师应注重平时的点滴积累。

参考文献

[1] 苏雅.防疫常态化机制下大学生心理健康问题及对策研究[J].华东纸业,2021,51(6):44-46.

[2] 陈又华.疫情背景下大学生心理危机归因与策略研究[J].财富时代,2021(10):59-60.

[3] 刘曦,汪丽娜,范亚慧,等.新冠疫情下大学生焦虑抑郁影响因素及其与生活方式的相关性研究[J].中国医学伦理学,2021,34(10):1353-1358,1363.

[4] 苏芮,陈新梅,赵沐晨,等.新冠肺炎疫情期间大学生心理健康状况及影响因素初步研究——以山东中医药大学为例[J].卫生职业教育,2021,39(21):114-116.

[5] 丁学忠,王岩.新冠疫情背景下留学生心理适应与干预机制研究[J].黑龙江教育(理论与实践),2021(11):89-92.

[6] 马忠秋.疫情防控常态化背景下高校学生管理工作面临的挑战与对策[J].纺织服装教育,2021,36(5):487-490.

[7] 高爽.疫情期间线上教学背景下大学生心理健康教育模式探讨[J].湖北开放职业学院学报,2021,34(20):60-61.

[8] 张玮,马姗姗,毛星懿.疫情防控期"响应式"线上教学创新与实践——"大学生心理健康教育"课程改革再思考[J].牡丹江大学学报,2021,30(10):108-113.

[9] 李玲,黄艳苹.灾后心理援助的伦理思考及工作建议——以新冠肺炎疫情为例[J].佳木斯职业学院学报,2021,37(11):35-36.

[10] 严磊,王娟.疫情背景下大学生心理健康教育教学应对措施探究[J].科技风,2020(18):76.

我国职业教育政策发展趋向与高职院校治理路径

苏丽芳

（武汉铁路职业技术学院）

摘 要

职业教育政策是国家公共政策体系的重要组成部分，它以解决公共职业教育问题、满足公共职业教育利益为目的。本文对职业教育政策概念予以明晰，对不同历史时期我国出台的各种职业教育政策进行梳理和分析，发现我国职业教育实际发展中存在的一些问题，需进一步细化顶层设计，包括根据经济社会发展需要，逐步提高职业教育办学层次，更加体现职业教育公益性，促进社会公平，坚持依法治教，促进职业教育健康、快速发展。

关键字：职业教育　政策　治理

一、引言

职业教育政策是公共政策在职业教育领域中的具体表现，牵涉到各利益相关者之间的权益分配，具有明显的公共属性。职业教育政策关系到千家万户的切身利益，与国家的经济、政治、文化、社会密切相关，影响到我国的政治稳定、经济转型、社会和谐与文化繁荣，它是助推经济社会走向现代化的强大动力。大力发展职业教育已经上升为党和国家的重大决策，成为我国教育领域改革和发展的战略主题。从国家治理体系现代化的视角来分析和探讨职业教育政策的过去、现在和将来，从职业教育政策这个逻辑起点来探

---

① 本文系武汉铁路职业技术学院职业教育提质培优行动计划委托课题"中国特色职业教育政策体系研究"（KYWT202103）的成果。

讨新阶段职业教育事业发展，是一个值得深入研究的话题。

二、国家治理视域下职业教育政策理论分析

"治理"(governance)一词源于拉丁文和希腊文，原意指控制、引导和操纵，主要用于与国家公共事务相关的管理活动和政治活动，与"统治"(government)一词常交叉使用。中共十八届三中全会提出"国家治理体系和治理能力现代化"，基于中国本土语境的特点，学界纷纷对该理论进行阐释。总体上看，治理理论作为一种新的理论范式，主张通过合作、协商、伙伴关系等方式来对公共事务进行管理，重点是研究公共产品和公共服务供给的方式与体制，倡导各种公共的和私人的机构和政府一起提供公共产品和公共服务。

教育是实现国家长远发展的基础性、战略性和前瞻性事业，牵涉到千家万户的根本利益和长远利益，是治国理政的重点。"教育政策是一种有目的、有组织的动态发展过程，是政党、政府等政治实体在一定历史时期，为实现一定的教育目标和任务而协调教育的内外关系所规定的行动依据和准则。"这属于比较广义的一种理解。在我国，对教育政策的理解为："由党中央和中央政府所授权的部门或地方政府制定的，不经过立法程序，对教育机构、个人教育行为都具有指导性，它体现着一种意向，回旋余地较大，在具体贯彻中常常可以因人、因事、因条件而异，也就是说，教育政策具有较多的灵活性和弹性。"

职业教育政策在整个国家公共政策体系中发挥着重要的支撑作用。在当下我国产业结构不断优化升级、建设制造业强国的新形势下，在民众渴望有更好的工作、有更高收入的现实需求下，在不断提高中等收入群体比重、努力跨越中等收入陷阱的新要求下，需要对职业教育的重要性及其政策给予更多的关注。现代职业教育体系，就是与经济社会深度融合、体现终身教育理念，具有中国特色、世界水平，能够基本满足人民群众多样化就业需求，适应需求、面向人人、有机衔接、多元立体的教育体系。我国以《国家中长期教育改革和发展规划纲要（2010—2020年）》《国务院关于加快发展现代职业教育的决定》和《现代职业教育体系建设规划（2014—2020年）》等重要文件，共同构成今后一个时期内指导我国职业教育健康快速发展的基本文件，构成新时期加强现代职业教育体系建设的政策背景。

三、我国职业教育政策的开创与探索

新中国成立后的近30年时间里，由于出现政治对教育的过度干预，通过政治力量来强力驱动职业教育发展，满足了政治需要，但是对职业教育的作用及其规律认识不足，在发展普通中等教育、高等教育和职业教育方面出现不同的倾斜度，加上囿于计划经济时

期的劳动制度,使得职业教育在发展中总是被挤到狭小的空间中,总是在面临经济社会发展及出现升学、就业难题时才想起职业教育事业的价值,职业教育整体上难以得到人们的充分重视和社会认同。随着改革开放及中国工业化发展进程的推进,植根于中国伟大转折历史进程中的职业教育,其改革与发展的方向、深度、广度、力度以及难度,无不受到各个时期政治改革、经济转轨、社会转型、制度变迁、技术进步以及中国参与国际竞争等因素的深刻影响。

改革开放以来,职业教育遵循自身发展规律,紧紧围绕现代化建设的大局,服务于经济社会发展,克服了各种问题和挑战,不断迎来发展机遇,可划分为四个阶段。

第一阶段为恢复与发展期(1978—1984年)。在此期间,为了适应新形势的需要,为社会培养急需的专业技术人才成为职业教育发展的首要任务。国家出台了一系列职业教育政策,相关文件有《关于加强和改革农村学校教育若干问题的通知》《关于加速发展高等教育的报告》等。这些政策主要围绕发展高等职业教育,满足现代化建设对人才的需求开展和发展农村职业教育,解决新时期"三农"问题。

第二阶段为快速发展期(1985—1996年)。在此期间,将发展职业技术教育作为教育体制改革的突破点。1991年,国务院发布《关于大力发展职业技术教育的决定》,对职业技术教育下一步的发展目标、任务加以明确。1993年,国家教委发布《中国教育改革和发展纲要》,规划了我国职业教育在世纪之交发展的大方向。1996年通过的《职业教育法》,使职业教育发展有了自己的专门法。一些重要规划、法规的出台,标志着职业教育在中国教育体系中的地位和作用有了进一步的明确,基本上确立了职业教育的基本体系框架,在进行社会主义市场经济建设的大背景下,职业教育开始进入法治化健康发展的轨道。

第三阶段为调整与变革期(1997—2001年)。此时在政策层面,对怎样发展新形势下的中职教育的信息不明确。中国职业技术教育发展面临着众多的机遇与挑战,出现了职业教育从计划经济体制转向引入市场驱动机制的转型期,这一时期高校扩招的步伐越来越大,对职业教育不够重视。

第四阶段为快速发展期(2002年至今)。为了尽快解决职业教育发展与经济和社会发展相匹配问题,满足人们多样化学习的强烈需要,在21世纪的前十年,国家通过制定和颁布三部法律(《教育法》《职业教育法》《劳动法》)、召开三次全国职教会议(2002年、2004年和2005年)、出台三份重要文件(《国务院大力推进职业教育改革与发展的规定》《教育部等七部门关于进一步加强职业教育工作的若干意见》和《国务院关于大力发展职业教育的决定》),来全力推进职业教育事业的健康发展。通过国家政策的指引,职业教育在改革创新中加快发展的局面基本形成,地位更加突出,政策更加明确,思路更加清晰,改革不断深化、事业不断壮大,基本实现了又好又快发展。

四、我国职业教育政策评析

回顾我国职业教育的历程,在促进职业教育健康稳步发展的顶层设计方面,形成了一个体系完整、层次清楚、相互协调的职业教育公共管理政策框架,引领职业教育在服务经济社会发展中取得快速发展及辉煌成就。随着产业结构的不断优化调整及新科技在生产中的普及和应用,对生产一线的技术技能型人才的需求数量和质量会越来越多、越来越高。高素质技能型人才已经成为中国制造或中国创造的核心竞争力的关键组成部分,职业教育为我国经济发展不断输送高素质技能型人才,同时满足青年人实现人生理想的需求,促进社会就业,维护社会稳定。

然而,当下我国职业教育也存在一些现实问题,如劳动力素质整体不高、满足不了产业结构调整需要,就业结构性矛盾比较突出,人才供需双方难以无缝对接等。其根源性因素在于职业教育政策在实际运作中存在"虚置"问题。从改革开放以来的职业教育政策发展可以看出,国家层面屡次强调职业教育的重要性,大力发展职业教育,往往呈现宣言性质过多、政策质量不高、政策工具不足的弊端,缺少硬性规定,在具体落实时往往很难执行到位。客观形势要求我们进一步提高整个政策系统的严谨性,提高相关政策体系相互衔接的顺畅度,从影响整个职业教育系统治理现代化的制约性因素中寻找答案,为提高整个职业教育政策的执行水平奠定基础,为职业教育政策体系的有效性做好坚实支撑。

五、完善职业教育政策的路径

尽管我国职业教育已经取得了显著的成绩,但从总体上看,职业教育处于教育领域薄弱环节的局面没有彻底改变。正如《国务院关于加快发展现代职业教育的决定》所指出的那样,当前职业教育还不能完全适应经济社会发展要求,结构不尽合理、质量有待提高、办学条件薄弱、体制机制不畅。这就需要我们去认真思考职业教育政策在制定、执行中存在的问题,不断努力,逐步实现职业教育现代化,为社会培养更多的高素质技能型人才。

一是逐步提高职业教育办学层次要充分考虑到外在适应性和内在衔接性问题。国家经济发展程度越高,所拥有的职业教育层级越高。未来我国可以从制度层面构建可持续发展的职业教育,即初等职业教育(高中层次)、中等职业教育(专科层次)、高等职业教育(本科层次、研究生层次)和补充职业教育(继续教育层次)。从制度构建中切实改变专科层次高职教育是职业教育终结教育的现状,通过建设一个系统有序的教育体系,拓宽高职院校毕业生不断提升专业造诣和实践技能的途径,为他们的成长成才提供符合自身实际的多样化选择,使得职业教育真正成为具有高度吸引力的选择性成才通道,促进职业教育与普通教育协调发展,根据各自的职能和作用,共同促进经济社会的全面发展。

二是充分体现职业教育的公益性。职业教育作为一种教育类型具有公益性,它主要体现在普惠性上。从国家投入政策视角看,职业教育的公益性越来越强,如我国对高职院校学生开展的助学金制度。在政府出台的惠及广大普通家庭的职业教育政策上,凸显了公益性和公平性,为建立以权利公平、机会公平、规则公平为主要内容的社会公平保障体系,提供了重要的参照和依据。伴随着我国职业教育办学层次的逐步提升,可以依据国家的财力基础,在高等职业教育阶段依据专业发展需要逐渐出台更为切合学生实际的学费减免政策,这样可以充分照顾到社会共同利益,巩固和加强党执政的群众基础,维护社会和谐正常运行。

三是持续推进职业教育法治化建设。要保证职业教育的可持续发展,满足经济社会发展的需求,满足人们全面发展的需要,就需要完善的立法体系予以支撑。相较于他国而言,我国职业教育法规建设明显滞后于经济社会发展的需要,依然有需要改进和补充的地方。在《职业教育法》的修订中,进一步明确和凸显企业在职业教育中的主体作用和功能定位。从权利、义务等方面,为企业发挥主体作用提供可靠的法律保障。推进跨界融合,出台政策激励更多的教育型企业参与职业教育发展,从税收优惠、财政直补、购买服务等方面,赋予有资格的企业以教育型企业的法律地位。将行业企业举办的职业教育纳入职业教育体系,并且将企业开展职业教育的情况纳入企业社会责任报告,对积极参与校企合作的企业给予一定的财政支持、政策倾斜、资金补贴、表彰奖励等。从而带动更多的企业支持职业教育,使得校企协同育人、共赢发展、共享合作成果的局面更加生动,形成全社会校企之间深度合作、无缝对接的良好机制和氛围。这样才能培养更多高素质技能型人才,满足经济社会发展对多样化人才的需要。

六、结束语

职业教育要想实现健康快速发展,需要国家继续加大主导作用,促使职业教育政策发挥出应有的作用。很多具体政策没有硬性法律约束,导致很多地方政府进行有选择性的执行,或者变通处置,导致政策的实效性不太理想,存在典型的"出口通畅、入口不畅"的奇特现象。这些都需要政府有关部门真正采取措施,从制度设计到政策落实等方面,进行职业教育各项制度的科学化、合理化设置,从根本上提高职业教育战线的基础能力。

参考文献

[1] 姜美玲.教育公共治理:内涵、特征与模式[J].全球教育展望,2009(5).

[2] 范国睿,等.教育政策的理论与实践[M].上海:上海教育出版社,2011.
[3] 中华人民共和国教育部.加快发展现代职业教育:全国职业教育工作会议文件汇编[M].北京:高等教育出版社,2014.
[4] 李玉静.世界各国职业教育层次结构发展探析[J].职业技术教育,2014(22).
[5] 李继延.中外职业教育体系与制度改革比较研究[M].上海:复旦大学出版社,2014.

可持续发展视域下的大学生社会主义核心价值观培育

佘毅晖

(武汉铁路职业技术学院)

摘　要

　　大学生的可持续发展,是指大学生在其人生进程中,终身的、持续的、良性的发展。大学生的可持续发展,建立在具有人文精神价值、终身学习意识、较强学习能力和良好综合素质与职业素质基础之上,需要"德"与"能"兼备。社会主义核心价值观,则是大学生立德的基础、形成正确信仰的基石、人生实践的指南和可持续发展的关键。大学生社会主义核心价值观的培育,是一个系统工程,中华优秀传统文化、马克思主义理论、现代文明意识,是架构这一工程的三维支柱。其中,中华优秀传统文化是融入骨髓的精神内核,马克思主义理论是指导思想与方法论,现代文明意识是现代社会文明行为的调控器。

关键词

　　大学生　可持续发展　社会主义核心价值观

一、引言

　　可持续发展理念,最初是针对人类由于过度、无节制追求经济发展而引发严重环境问题,进而衍生出一系列社会问题的状况而提出。20世纪80年代,世界环境与发展委员会在其文件《我们共同的未来》中,将可持续发展定义为:既能满足我们现今的需求,又不损害子孙后代能满足他们的需求的发展模式。该理论一经提出,即得到社会的广泛认同,其研究视角,也迅速从经济发展,延伸至社会各个层面与领域。

　　以可持续发展理论的基本观点为基础,我们可以推导出人的可持续发展概念:既能满足个体现今的需求,又能满足其今后需求的发展模式。据此,可以把大学生的可持续发展定义为:大学生在其人生进程中,终身的、持续的、良性的发展,表现为个体能够顺应环境与社会的发展需要,通过不断增进自我修养与自我完善,实现与自然和社会的和谐相处,进而实现自身的全面、和谐、持续成长与提高。

大学生可持续发展的前提和基础,是人的全面发展。2001年,联合国教科文组织在其文件《修订的关于技术与职业教育的建议(2001)》中,从人的全面发展的角度,对教育应达成的目标,做了如下描述:个性和性格的和谐发展;培养精神价值和人的价值;培养理解能力、判断能力、鉴别能力、自我表达能力;通过发展智力、技能和态度,具备终身学习的条件;发展决策能力,参与团队工作的能力,担任领导的素质和能力;应对信息技术飞速发展的能力。可见,大学生的可持续发展,建立在具有人文精神价值、终身学习意识、较强学习能力和良好综合素质与职业素质的基础上,唯"德"与"能"兼备,方能实现。大学生只有立足于个人的长远发展目标,不断追求自身道德修养、文化修养、身心健康和职业素质的全面协调发展,才能够适应社会的进步与发展,进而实现自身的长远、可持续发展。

二、社会主义核心价值观对于大学生可持续发展的意义

(一)社会主义核心价值观是大学生立德的基础

古人云:"立德之本,莫尚乎正心。心正而后身正。"所谓心正,即内心所秉持的价值观不可有偏。价值观是人对客观事物是非的判断标准,以及对自身行为结果意义、作用、效果和重要性的总体评价。价值观对人的行为及态度具有重要的导向作用,是人们人生观、世界观的基础。

大学生的人生与职业发展,离不开正确价值观的引领。中共十六届六中全会提出了社会主义核心价值体系的基本内容:马克思主义指导思想,中国特色社会主义共同理想,以爱国主义为核心的民族精神和以改革创新为核心的时代精神,社会主义荣辱观。党的十八大报告进一步明确了社会主义核心价值观的具体内容:富强、民主、文明、和谐;自由、平等、公正、法治;爱国、敬业、诚信、友善。社会主义核心价值观,体现了建设和谐社会所应有的文化观念和价值尺度,是社会主体的价值共识,是全社会应该遵循和践行的方向和目标,代表着建设社会主义和谐社会、实现中华民族伟大复兴的中国梦的背景下,全体中国人民现实的总体认识、基本理念和理想追求。习近平总书记说,国无德不兴,人无德不立。核心价值观是德,既是个人之德,也是社会之德、国家之德。青年学生是国家的未来,青年学生只有将个人的人生追求与社会主义核心价值观相统一,崇德修身,勤学

善思,踏实做人,老实做事,才能在国家发展、民族振兴之大业中担当大任。

(二)社会主义核心价值观是大学生形成正确信仰的基石

信仰与人们的人生观、价值观密不可分。对于青年学生而言,有没有信仰,信仰什么,决定了他们在人生中成为什么人,走什么路。我国目前正处于社会主义初级阶段,社会变革所产生的一系列新情况、新问题,不可避免地对大学生的思想意识造成影响,也让一些人产生了思想的迷惘、观念的偏颇和行为的偏误。社会主义核心价值观,是对中华优秀传统文化的继承,也是对人类文明成果的撷取,具有鲜明的时代特点,体现了社会共同的价值标准,是中国人民建设中国特色社会主义的共同理想和精神追求。在这个价值标准的引导下,大学生的人生就有了方向,奋斗就有了目标,对于他们形成正确的理想和信念,明事理、辨是非、知善恶、懂美丑,追求积极、健康、充实、有价值、有意义的人生,具有重要的指导意义。

(三)社会主义核心价值观是大学生人生实践的指南

古人云:"心正而后身修,身修而后家齐,家齐而后国治,国治而后天下平。""正心、修身、齐家、治国、平天下",自古以来是中国知识分子追求的理想和实践的信条。社会主义核心价值观从国家、社会、公民个人三个层面,为大学生成人、成才、成功指明了方向。大学生担负着全面建设小康社会的重任,是实现中华民族伟大复兴的中坚力量。做爱国、敬业、诚信、友善的公民,建设自由、平等、公正、法治的社会和富强、民主、文明、和谐的国家,既是时代对大学生的要求,也是时代赋予大学生的使命。大学生唯有把个人命运与国家命运相维系,把个人理想和追求与社会进步和发展相协调,把个人利益与绝大多数人的利益相统一,踏踏实实,一步一个脚印,做走在时代前列的奋进者、开拓者、奉献者,才能真正实现个人的长远、可持续发展。

(四)社会主义核心价值观是大学生可持续发展的关键

大学阶段是人生的重要阶段,也是学生价值观形成的关键时期。改革开放,一方面推动了经济的发展和国家的富强,另一方面,市场经济体制下一些人对于金钱与利益的过度追求,也产生了分配不公、贫富差距、社会腐败等一系列问题,崇尚拜金主义、享乐主义、个人主义,导致一些人信仰偏失、道德滑坡、行为失范、诚信缺乏。多元化的价值观,常常使大学生陷入价值判断的误区,一些人因此步入歧途,甚至走上不归路。加强对大学生社会主义核心价值观的培育,不仅是帮助大学生明确什么是顺应社会进步与发展潮流的主流价值观,更重要的是,顺应社会进步与发展的要求是实现个人人生价值的根本前提和保证。

三、大学生社会主义核心价值观的培育

培育社会主义核心价值观,是系统性工程。中华优秀传统文化、马克思主义理论、现代文明意识,是架构这一系统工程的三维支柱。其中,中华优秀传统文化是融入骨髓的精神内核,马克思主义理论是指导思想与方法论,现代文明意识是现代社会文明行为的调控器。

(一)要切实加强中华优秀传统文化传承,帮助大学生树立文化自信

以文化人,自古是中华文化的传统。中华文明源远流长,虽历经磨难,却生生不息,向世人昭示着中华文化强大的生命力与凝聚力。由于历史及现实的种种原因,一段时间以来,中华传统文化逐渐被人们淡忘、漠视甚至抛弃。鉴于此,大学必须充分发挥自身文化传承的功能,通过课程、讲座、活动以及其他各种校园文化形式,弘扬中华优秀传统文化,为大学生创造各种机会,了解中华文化的博大精深,领略其丰富内涵与无穷魅力,使之在不断汲取中华文化精华的过程中,接受修德、慎独、自省、谦让、仁爱、信义等思想的滋养,于潜移默化之中,帮助学生塑造良好的品德和人格,并树立文化自信。

(二)要不断提升马克思主义理论教育实效,帮助大学生培养理论自觉

马克思主义不仅要进课堂,更重要的是进头脑。马克思主义理论揭示了人类社会发展的基本规律。消灭剥削、实现社会平等与公正、共同富裕和人的全面发展,是马克思主义理论体系的核心内容,也是社会主义核心价值观的基础。用马克思主义理论,特别是当代中国马克思主义理论成果武装大学生,使大学生接受马克思主义,把马克思主义的立场、观点和方法,转化为自身的世界观、价值观和方法论,对大学生正确认识世界、认识社会,意义重大。

调查显示,当代一些大学生对于马克思主义的认知度不高。马克思主义对于他们而言,更多的是概念,是教材文本对概念的阐述,与他们面临的现实问题相去甚远,故而学习兴趣与效果甚微。因此,马克思主义进课堂,必须注重实效性,要将马克思主义理论与时代发展、社会现实、形势变化及学生诉求紧密联系起来,运用马克思主义中国化的最新成果,及时、准确地回答大学生关心的重大理论问题和现实热点问题,引导学生学会以马克思主义的世界观和方法论,科学、理性、客观地思考、分析、解决现实中存在的问题。

(三)要注重强化现代文明意识,帮助大学生养成行为自律

社会现代化的根本是人的现代化。人的现代化过程,是从愚昧、狭隘、偏执、极端、野蛮、暴力走向民主、科学、法治、秩序、包容、和平的过程。现代文明意识,是现代社会最基本的文化价值,也是现代人必须具备的基本素质。公民现代文明意识的建立,是建设社会主义和谐社会的重要基础;公民现代文明意识的高低,决定了社会的现代文明程度。改革开放以来,我国的经济实力显著提升,但是社会文明水平并未与物质文明水平同步提高,挑战法律与道德、违背社会公序良俗、损人利己、侵害他人利益等行为和现象屡见不鲜。道德滑坡,不仅破坏了社会秩序,败坏了社会风气,也影响了国家的整体形象。

大学生是国家、民族的未来。利用一切可能的方式、方法、平台,强化对大学生群体的公共意识、法律意识、环境意识、民主思想、道德观念、科学精神、契约精神、进取精神等现代文明意识的浸润与培养,使之内化为学生的意识自觉和行为自律,不仅有助于改善和形成良好社会风气,维护稳定正常的社会秩序,而且对学生树立有素质、有教养的良好个人形象,构筑人与人、人与社会、人与环境的和谐关系,具有重要意义。

四、结束语

大学生担负着建设国家、实现中华民族伟大复兴的中国梦的重任,是国家发展、兴旺的中坚力量。梁启超说过:"今日中国之责任,全在我少年。"大学生能否实现可持续发展,关系到今后的社会发展,也关系到未来的国家富强。习近平总书记曾经指出,国无德不兴,人无德不立,只要中华民族一代接着一代追求美好崇高的道德境界,我们的民族就永远充满希望。大学生是一个家庭、一个国家、一个民族的未来,大学生群体也因此成为社会中较重要和较受瞩目的群体之一。这个群体的思想言行,对社会产生着不可忽视的影响力。大学生在未来的成长与发展中,能否真正实现可持续发展,修德是基础,是关键。大学生只有用社会主义核心价值观统领个人价值观,才能顺利地实现社会价值与个人价值的和谐统一,进而实现个人的人生价值最大化,人生之路才能越走越宽、越走越远。

参考文献

[1] 联合国教科文组织.修订的关于技术与职业教育的建议(2001)[EB/OL]. http://unesdoc.unesco.org/images/0012/001246/124687c.pdf#page=37.

[2] 中共中央关于构建社会主义和谐构社会若干重大问题的决定[EB/OL]. http://

cpc. people. com. cn/GB/64093/64094/4932424. html.

[3] 胡锦涛.坚定不移沿着中国特色社会主义道路前进,为全面建成小康社会而奋斗——在中国共产党第十八次全国代表大会上的报告[EB/OL]. http://news.xinhuanet.com/18cpcnc/2012-11/17/c_113711665. htm.

[4] 习近平.青年要自觉践行社会主义核心价值观——在北京大学师生座谈会上的讲话[EB/OL]. http://news.xinhuanet.com/politics/2014-05/05/c_1110528066. htm.

[5] 习近平.习近平论社会主义核心价值观——十八大以来重要论述选编[EB/OL]. http://news.xinhuanet.com/politics/2014-03/26/c_126318353. htm.

工程项目管理信息化现状分析与对策研究

邓 珲

（武汉铁路职业技术学院）

摘 要

工程项目管理信息化建设是当前工程企业实现管理手段现代化与智能化的重要内容，为提升工程管理的效率和质量，增强企业综合竞争力具有积极的意义。本文分析了工程项目管理信息化的内涵和作用，以及当前我国工程项目管理信息化建设的现状和不足，进而提出完善工程项目管理信息化建设的对策。

关键词

工程管理　项目管理　信息化

一、引言

首先，工程项目管理信息化是指利用现代化的信息技术及计算机技术，对工程项目管理中的各个环节产生的信息资源进行有效开发与利用，主要运用于工程项目的决策和实施管理阶段。随着国内市场竞争越来越激烈，企业更加注重提高工程效率和降低成本，因此工程项目管理信息化建设是能够有效提高企业工作效率和竞争力的重要手段，引起了更多的企业及领导对工程项目管理信息化建设的重视。

其次，工程项目管理信息化建设能够有效促进对项目的现代化管理，能够有效提高工程项目管理效率，降低工程造价。尤其对于一些周期较长、投入资金较大、涉及部门众多、管理协调困难、技术复杂的工程项目，引入信息化管理技术，能够更有效地发挥信息化管理的积极作用。同时，工程项目管理信息化建设，能够促进企业建立科学、高效的项目管理体系,提高企业的管理质量和水平。另外,信息化管理还能够实现工程项目管理的透明化,让企业管理者能够及时了解工程进度,从而有利于对工程项目做出有效决策,更好地进行成本控制,及时发现并处理问题,最终实现工程项目管理的规范化和有效性。

二、工程项目管理信息化的现状分析

从全国范围来看,我国现阶段的工程项目管理信息化水平依然较低,覆盖面不广。同时,与国外一些优秀的工程项目管理信息化软件相比,国产工程项目管理信息化软件的一些功能和机制还不够成熟,而直接使用国外的软件,容易造成与国内企业的实际情况不兼容、维护系统困难等问题。另外,目前许多企业还没有完全形成完整的、系统化的工程项目管理信息化体系,不同部门之间没有做到实时有效的信息资源共享,影响了工程项目管理信息化建设的进程。具体存在的问题和不足如下。

(一)工程项目管理信息化软件没有统一的标准规范

现阶段建筑行业没有建立起一个行业通用且成熟的标准和规范,去引导工程项目管理信息化建设,导致许多企业在进行工程项目管理信息化建设时各自为政,这不利于实现信息共享,在很大程度上影响了我国工程项目管理信息化的整体水平。而由于缺乏统一规范的标准,很多企业的信息化软件在处理数据时容易因为标准不同而产生偏差和失误,进而影响工程项目操作流程的顺利进行。

(二)相关领导对工程项目管理信息化建设的认知不足

在传统的项目管理模式下,管理层、决策层和各职能部门之间的信息沟通存在滞后现象,导致管理层无法及时掌握工程项目的成本、进度等信息,从而对管理层做出决策产生不利影响。在施工过程中没有对大量信息进行整合,缺少有效的管理流程和制度,导致成本核算的时间较长。相关领导对工程项目管理信息化的建设认知不足,许多管理软件在开发时没有结合企业实际的规模和标准来设计,使管理软件没有起到应有的作用,只是以信息化形式对数据进行简单处理,而没有实现工程项目管理的智能化与现代化。究其原因,是由于企业的管理层和决策层对工程项目管理信息化建设的重视不够,缺乏信息化管理的认知。

(三)企业内部缺乏有效的信息沟通机制

在传统的工程项目管理工作中,大多数管理者还是依赖过去的经验,随着我国的经济发展速度不断加快,工程项目数量不断增多,从而产生了大量的信息资源。对于管理者来说,处理如此海量的信息是非常困难的。而许多企业缺乏对内部各部门的信息沟通机制建设,没有让各部门之间及时进行信息共享,导致信息沟通滞后,各职能部门之间的意见和问题无法得到有效的交流,容易导致对工程项目的质量和进度产生不良影响。

三、完善工程项目管理信息化建设的对策

(一)根据企业管理标准设计信息化管理系统

工程项目管理存在着分支多、范围广、部门杂、技术性强的特点,需要根据统一的行业管理标准,对信息化管理系统进行专门的设计和开发。在设置行业管理标准时,需要对各企业的工程管理流程进行调查,充分考虑并满足各企业的需求。只有信息化管理系统与规范的行业管理标准相结合,做到信息化管理系统能够真正帮助工程项目管理工作顺利进行,才能真正实现工程项目管理的现代化和信息化。除此之外,还要对现有的信息化管理系统进行不断完善和更新,以适应快速发展的现代化社会,确保信息化管理系统能够正常使用,让企业高层能准确及时地对员工下达指令,从而提高工程项目管理的效率和质量。

另外,在对信息化管理系统制定标准时,还需要完善物资管理、成本核算、人员管理等各项规章制度,让工程项目管理工作严格按照规章制度执行。针对工程项目的不同特点,可以对物资、成本和人员实施分类管理,让管理的各个流程和具体步骤,严格地按照制定的规范执行,确保项目管理信息化工作能够规范准确进行。

(二)转变信息化建设观念,加强信息化人员培训

在信息化建设中,应该让企业相关领导和决策层转变对信息化重要性的认知,引导管理层和决策层加强对工程项目管理信息化建设的投入,加大基础设施建设的投资力度,同时对信息化人员进行培训。在进行工程项目成本核算时,也应充分考虑项目管理信息化建设的费用,引入第三方资本。对信息化人员进行培训时,可以定期组织相关员工进行信息化技术的交流与探讨,组织网络培训、知识科普等讲座和集会,让信息化人才能够正确使用工程项目管理信息化系统,提高工程项目管理信息化建设的有效性和质量。

(三)加强信息化应用研究,实现企业内部信息数据共享

实现工程项目管理信息化,需要加强对信息化应用研究的重视,打破企业各部门之间的信息壁垒,实现企业内部信息数据及时共享。企业内部应该建立统一、规范的项目管理标准,对企业内部各职能部门按照系统化流程进行成本核算、进度报告等信息沟通,提高信息数据的共享率,提升工程项目管理的效率和水平。要积极引导企业走上信息化管理的道路,为工程项目管理信息化建设创造良好的硬件条件,对陈旧设备进行更新升级,改善第三方管理信息化软件,根据统一的行业管理标准,开发适应当前企业生产的信息管理软件,实现管理内容的统一,提高管理系统的兼容性。

四、结束语

综上所述,工程项目管理信息化建设是实现工程项目管理现代化与智能化的重要手段,能够有效提高工程项目管理的效率和质量,增强工程企业的综合竞争力。因此需要众多的企业管理层转变观念,重视工程项目管理信息化建设,加强应用研究,实现企业内部的信息数据共享,加强对行业管理标准的制定,利用现代化的信息技术,提高工程项目管理水平。

参考文献

[1] 刘清.计算机信息化技术在工程项目管理中的应用[J].信息系统工程,2021(2):46-47.

[2] 陈超.工程项目管理信息化建设现状和趋势研究[J].数字技术与应用,2021,39(3):223-225.

[3] 张月玥,田家琳.信息化技术在工程项目管理课程中的实践[J].郑州铁路职业技术学院学报,2021,33(2):77-79.

[4] 喻寄.信息化对建设工程项目管理影响的文献研究[J].项目管理技术,2021,19(8):84-88.

Chapter 3

教育教学改革

"三教"改革提高高职护理专业学生护考通过率初探

邱胜军　蒋卫东

(武汉铁路职业技术学院)

摘　要

　　如何落实和推动"三教"改革,我们临床教研室在医护学院的大力支持下进行了相关探索,特别在细化教材内容和丰富教学方法关键环节上进行了改革和调整,目的是提高高职护理专业学生(简称"护生")在护士执业资格考试(简称"护考")中的通过率,提升医学生临床护理技能,并为护理人才质量培养提供参考。经过半年实践,取得了初步的效果。

关键词

　　教学内容　教学方法　护考通过率

一、引言

　　2019年,《教育部 财政部关于实施中国特色高水平高职学校和专业建设计划的意见》提出,要组建高水平、结构化教师教学创新团队,探索教师分工协作的模块化教学模式,深化教材与教法改革,推动课堂改革。教师、教材、教法(简称"三教")改革是高职教育改革的基础工程。"三教"是高职院校关于"谁来教""教什么""如何教"的三大教学要素,是职业教育高质量发展的重要抓手,也是高职院校提升办学质量和人才培养质量的重要切入点。对于培养合格护理人才的高职医护学院,学生取得护士执业证书的情况可以直接作为学院教学质量和办学水平的反馈,同时可以作为教学的导向,促使学校改进教学中存在的问题,也可为学校教学工作评估提供可靠依据。在国家职业教育层面和学院自身发展要求的双重推动下,医护学院作为国家首批高水平建设单位率先启动了"三教"改革系列活动。医护学院提出以培养合格护理人才、提高护考通过率为目标,通过以教研室为单位的"三教"改革进行实践和具体方案的探索。我们临床教研室积极响应并做了一系列改进和完善。

以提高医护学院高职护生护考通过率为目的,我们临床教研室"三教"改革主要从教材内容、教学教法、反馈机制三个方面进行了调整。

二、做法

(一)细化教学内容,归纳考点(通过"三个对接"完成)

1. 考纲与大纲对接

大纲内容是基于岗位胜任力组织的知识内容综合,考纲内容主体是考察学生对基本知识和重点知识的掌握程度,两者之间存在明显的差别。为了落实考点,我们首先组织临床教研室全体教师学习护士执业资格考试大纲(简称"考纲"),对比相应学科的大纲,找出异同点;再以护士执业资格考试的知识点为基础,结合大纲知识内容来制订教学计划、调整教学内容,这样避免了教师在课堂上片面重视大纲而忽略考纲的倾向。

2. 考点与难点对接

临床教研室教师通过文献检索等途径找到历年考题,对相应科目常见考试内容进行归纳总结;再与自己所教科目内容进行对比,找出每章节考点,通过了解学生易出错处找到难点,再进行交流与探讨,做出归纳总结,细化每堂课考点与难点之间的关联。这样可避免课堂中考点堆积而难点讲解得不透彻或被忽略的情况。

3. 理论与临床对接

近几年护考题灵活性剧增,特别是与临床情境的结合(平时说的病案)。临床教师通过对考点知识的总结,深挖临床考点背后的理论,课堂中的讲解应该由基础医学理论引出临床判断与处理,重点讲清楚护理诊断与护理措施之间的内在逻辑,避免在课堂上出现填鸭式教育。为了弥补专任教师在临床经验方面的缺陷,我们组建了教学创新团队,团队成员补充了一线临床教师,这为理论对接临床教学提供了可靠保障。

（二）丰富教学方法，落实考点（通过"三个协同"完成）

1. 传统教学手段与现代教学手段的协同

课堂上对疾病的呈现，如疾病发生理论、病理过程、临床特征等，教师通过传统的教学手段如 ppt、试验器材进行讲解；随后涉及对疾病的判断、处理如护理诊断、护理措施的制定等，教师采用"以问题为中心"教学法，学生通过网络来参与。对于难点，教师通过微课、微视频等方式进行讲解。这样让学生在学习中有兴趣，能由被动学习转化为主动思考、学习。

2. 线上与线下的协同

线上与线下的协同主要体现在教学的两个环节，即课前和课后：课前主要是针对考点的提出与预习，课后主要是针对考点的落实与巩固。

3. 单一实训项目与综合虚拟临床实训项目的协同

以往的教学中多以单一实训项目为主，如外科护理学中有外科缝合技术、胸腔闭式引流术等，其弊端是实训内容模块化、操作简单化，与具体临床场景分离。近几年考点显示，护理操作技能伴随临床情境的选择和应用，为了使学生具备相应的临床能力，我们临床教研室主动增加了综合虚拟临床实训项目的讲解与训练，如对虚拟人体进行临床参数设置，让虚拟人体再现临床情境，让学生做出与之对应的问题判断和护理措施。整个过程相当于还原护考题，用实践操作能力检验其回答的正确性，对学生有着很好的教学效果，让学生记忆深刻。

（三）完善教学机制，自我提升（通过"三个联动"完成）

1. 学管员和学生之间的联动

主要通过辅导员和学生建立良好的联动机制，辅导员了解学生思想动态，讲解护理工作职业路径，强化护士执业资格考试的重要性，对极少数态度不端正的学生予以思想疏导，努力让所有学生树立通过护考的决心和信心。

2. 任课教师和学生之间的联动

任课教师和学生在线下、线上产生联动，通过课堂学习、课堂提问、课后作业及线下习题集，甚至通过开设护考选修班进行讲解等方式，完成学生对学习情况的反馈。根据学生的反馈情况,我们及时调整难点与考点的讲解方法,及时梳理教学内容及内容点时间分配,甚至调整教学计划等,争取做到让每一个人听懂,提升护考通过率。

3.教师之间、教师和外界同行间的学术联动

任课教师之间定期的讨论,对考点看法的交流,不仅提升了考点讲解的精彩度,还增加了习题集的精准度。同时,通过教师和外界同行间的学术交流,可以了解考点的更新、考试内容的变化趋势等,将这些变化及时反馈并在课堂中进行调整,让学生对护考内容的把握更加准确。

三、效果

医护学院进行了半年的"三教"改革,临床教研室进行了半年的课堂改革,取得了三个方面的成效:在思想上,全院教师和学生对护考重要性的认识达成了一致,确立了全力提高护考通过率这一目标;在临床课教师教学上,教学内容更具明确性,护考考点贯穿课堂教学始终;在临床教研室课堂上,教学方法多样化,更加贴近临床实践情境,培养了学生的临床思维,紧跟护考题型趋势。从问卷回收、访谈的反馈数据看,学生主要对教师课堂上的重难点把握、考纲清晰度、"以问题为中心"教学法、综合性实训手段等非常满意。

四、结束语

通过半年的"三教"改革探索,我们临床教研室的课堂改革主要有以下三个方面的创新。

(1)课堂内容更加明确:教学内容以护考考点为中心;教学方法多样化,替代了填鸭式教学,增强了学生的学习兴趣,学生由被动学习转向主动学习。

(2)综合实训项目逐步增加,锻炼了学生的临床思维能力,提高了学生的临床操作能力,更加贴近护考方向,让学生轻松适应护考题型变化。

(3)多渠道解决教学中学生碰到的疑难问题,不光是线上答疑,还可通过开设护考考点选修班进行讲解等。

参考文献

[1] 余荣宝.高职院校教师教学创新团队的目标定位与创新路径[J].襄阳职业技术学院学报,2020,19(1).

［2］ 王静娴,王利平,齐亚莉,等.浅析如何有效提高高职护理专业考生护考通过率[J].济源职业技术学院学报,2017,16(1).

［3］ 郑子伟,蔡江云,曾庆玲."三教"改革的探索与思考[J].现代职业教育,2021(43).

［4］ 王彩云.基于"三教"改革下的职教课堂教学有效因素分析及对策探究[J].现代职业教育,2021(43).

［5］ 张霞,韩雪梅,王春月.临床护理带教改革存在的问题及对策分析[J].中国卫生产业,2018,15(14).

［6］ 赵娜娜,戴艳梅,李浩楠,等.公立口腔医院临床护理带教改革的方法与体会[J].继续医学教育,2019,33(4).

［7］ 梅翠平,段国祥.基于混合式教学的地域文化教育创新途径——以英语专业跨课程的岭南文化教育为例[J].中国电化教育,2021(10).

［8］ 贺海奇,王斐倩,崔晓海,等.疫情背景下线上教学在胸外科临床教学中的应用效果[J].临床医学研究与实践,2021,6(28).

［9］ 钟焱.基于高职护生专业认同感提升的"三教"改革探讨[J].职业教育(中旬刊),2021,20(7).

基于模糊综合评价法的"双创"教育评价研究

陈 莹 彭 俏

（武汉铁路职业技术学院）

摘 要

创新创业（简称"双创"）教育注重学生对知识的创新性认识、自身创新素养的培养和创新能力的提升，对人才培养具有重要意义，开展创新创业教育是时代赋予高校的重要历史使命。如何科学地评价"双创"教育一直倍受相关管理者、教师、学生和社会人士关注。本文利用模糊综合评价法对"双创"教育进行评价，有助于获得更加丰富、客观的评价结果，为学校决策层提供决策参考。

关键词

模糊综合评价法 "双创" 教育评价

一、引言

创新发展是国家实现经济社会持续发展的根本动力，开展创新创业教育，是时代赋予高校的重要历史使命。创新创业教育是整合政府、高校、企业、学生等多个层面综合要素推动的结果，任何要素出现问题都会影响创新创业教育的效果。因此，需要建设一套科学、全面的"双创"教育评价体系，以检验"双创"教育效果，找出影响教育效果的不利因素。显然，科学的评价体系对切实增强学习成效、提高教师教学能力、推动"双创"教育资源协同共建、助力高校内涵式发展等具有重要意义。

《国家中长期教育改革和发展规划纲要（2010—2020年）》明确指出：要改进教育教学评价，根据培养目标和人才理念，建立科学、多样的评价标准。开展由政府、学校、家长及社会各方面参与的教育质量评价活动。做好学生成长记录,完善综合素质评价,探索促进学生发展的多种评价方式"。

国家一直大力推动科学教育的发展,要求使用规范化的方法来描述教学过程,将评价问题定量化,客观反映教学过程中实际的效果和存在的问题。本文尝试将模糊综合评价法运用到创新创业教育质量评价指标体系建设中,并进行了大胆实践,取得了满意效果。

二、模糊综合评价法概述

模糊综合评价法采用的是一种基于模糊数学的多层综合评价指标体系。由于信息具有可获得性和不确定性,同时人的感官和识别能力具有模糊性,所以要想给出准确的数据评估标准,并对某一事物进行精确评估是相当困难的,比如创新创业知识渗透程度的高低、"双创"孵化能力的大小等。因此 Zadeh 于 1965 年首次提出了模糊集的概念,并建立了一种模糊的定量评分规则,可以运用模糊集和相关统计理论,综合考虑评价的基本要素,对不同的评价者按类别赋予不同的权重,通过计算将不同要素的分数归纳成最终的评分结果,并得出结论。

模糊综合评价法是用隶属程度代替属于或不属于刻画的一种"中介状态"。模糊综合评价法的步骤为:首先确定被评价对象的因素(指标)集和评价等级集,然后确定各个单因素的权重及其隶属度矢量,获得模糊评价矩阵;最后把模糊评价矩阵与因素的权矢量进行模糊运算,并进行归一化,最终得到模糊多因素综合评价结果。

三、"双创"教育质量评价方法概述

"双创"教育评价在国外发展较早,1989 年,Wyckham 在加拿大和拉丁美洲开创新创业教育评价之先河。20 世纪 90 年代,美国的《创业者》和《商业周刊》等期刊对高校"双创"课程数量、学生创业项目落地和创业项目融资金额等进行了年度评估。"双创"教育评价于 21 世纪被引入我国,自此,国内高校"双创"教育评价体系的研究与实践逐步兴起。

随着我国"双创"教育基础理论研究的不断深入,研究成果不断丰富,过程评价被引入到质量评价中,评价方法也日趋多元化。国内学者相继创建了一些"双创"教育质量评价指标。冯艳飞和童晓玲运用优化 BP 神经网络模型法评价了高校创新创业教育质量,但此法存在计算时间长和算法低效的弊端;李圣、查钢强和李春科基于 AHP 法创建了丝绸之路沿线高校创新创业教育的评价体系,但该评价体系中的比较、判断和结果的计算过程比较粗糙,且主观因素影响较大。另外,还有基于结果假设的结构方程模型法和基于传统经验的指标综合评价法等,这些方法,都有一定的局限性。本文利用模糊综合评价法对"双创"教育进行了评价,效果令人满意。

四、模糊综合评价法在"双创"教育中的应用

评价指标体系是否切合学生和学校实际,是否科学有效,对"双创"教育效果至关重要。"双创"教育效果并非明晰事物,不能确切地予以判断,但可以用模糊语言描述某些指标的等级水平,甚至在某种特定情况下进行量化。因而在"双创"教育质量评价中使用模糊综合评价法具有一定的合理性与可行性。

(一)确定因素(指标)集和评价等级集

如图1所示,"双创"教育质量评价体系主要包括文化建设、实践成果、教学环节、师资队伍和社会服务等5个一级指标和16个二级指标。这些指标相互补充,共同反映创新创业教育的质量高低。据此,可以确定影响创新创业教学成效的因素集$U=\{$文化建设,实践成果,教学环节,师资队伍,社会服务$\}$,给每个因素按优、良、中、差4个等级分别赋分,即获得评价等级集$V=(5,4,3,2)$。

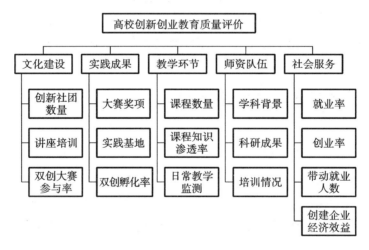

图1 "双创"教育质量评价体系

(二)确定单因素模糊评价矩阵

单因素判断,表示因素集中的每一因素根据评价集中的等级指标进行模糊评价,得

到评价矩阵 R,体现了单因素对于评价等级的隶属程度。(U,V,R) 构成了一个模糊综合评价模型。

从学校教学工作委员会和校外导师库中挑选 10 名评委专家对表 1 中的各个因素进行打分,确定一个评价等级。方法是给每位专家发送一张表或者进行网络推送,请他们在表 1 中合适的分值下打"√"。

表 1 "双创"教育综合调查表

因素	分值			
	5	4	3	2
文化建设	√			
实践成果		√		
教学环节			√	
师资队伍			√	
社会服务				√

将评委专家的反馈信息在表格中进行统计,结果如表 2 所示。

表 2 "双创"教育评价统计汇总表

因素	分值			
	5	4	3	2
文化建设	5	4	1	0
实践成果	1	4	5	0
教学环节	6	1	2	1
师资队伍	7	1	2	0
社会服务	5	4	1	0

将 5 个因素各等级的评价人数除以总人数(10 人),得到"双创"教育评价统计比率表,如表 3 所示。

表 3 "双创"教育评价统计比率表

因素	分值			
	5	4	3	2
文化建设	0.5	0.4	0.1	0
实践成果	0.1	0.4	0.5	0
教学环节	0.6	0.1	0.2	0.1
师资队伍	0.7	0.1	0.2	0
社会服务	0.5	0.4	0.1	0

再以所得比率值建立关于"双创"教育评价的模糊矩阵。

$$R=\begin{bmatrix} 0.5 & 0.4 & 0.1 & 0 \\ 0.1 & 0.4 & 0.5 & 0 \\ 0.6 & 0.1 & 0.2 & 0.1 \\ 0.7 & 0.1 & 0.2 & 0 \\ 0.5 & 0.4 & 0.1 & 0 \end{bmatrix}$$

(三)确定各因素的权重

请评分专家从5个因素中选一个自认为最重要的因素,再将各因素所获选票数作为分子,评分人总数作为分母,求得权重,如表4所示。

表4 "双创"教育质量评价各因素权重表

项目	文化建设	实践成果	教学环节	师资队伍	社会服务
人数	2	1	4	2	1
权重	0.2	0.1	0.4	0.2	0.1

因此"双创"教育质量评价5个因素的权重模糊集为:
$$A=(0.2,0.1,0.4,0.2,0.1)$$

(四)各因素模糊综合评价

选取合适的模糊合成算子,将模糊权矢量A与模糊矩阵R合成,归一化后,得到各被评价对象的模糊综合评价结果矢量B。

$$设\ B=A\cdot R=(0.2,0.1,0.4,0.2,0.1)\begin{bmatrix} 0.5 & 0.4 & 0.1 & 0 \\ 0.1 & 0.4 & 0.5 & 0 \\ 0.6 & 0.1 & 0.2 & 0.1 \\ 0.7 & 0.1 & 0.2 & 0 \\ 0.5 & 0.4 & 0.1 & 0 \end{bmatrix}$$

$$=(0.54,0.22,0.20,0.04)$$

Ps:运算模型$M(\cdot,+)$。

将[0,1]区间进行4次平分,依次得到[0,0.25]、[0.25,0.5]、[0.5,0.75]、[0.75,1.0],分别对应差、中、良和优。遵从最大隶属度原则,该校"双创"教育质量评价为良。

(五)近似等级求值评价

用模糊综合评价结果确定等级时,根据最大隶属度原则获得的是其绝对值,而各个因素之间通过相对大小的比较会更具参考价值。因此，根据最大隶属度原则，可以将该等级的程度设置为1，把该等级之外的程度设置为0，这种操作会存在与事实不符的情况。比如，当出现两个学校"双创"教育质量综合评价结果是同一等级，具有相同的隶属度时，就无法进行有效比较和区分了。另外，当评价结果B中有多个等级对应相同的最大隶属度时，也无法进行确定。只有当模糊综合评价值B中某个等级的隶属度极大且其他等级的隶属度极小时，才适用最大隶属度原则。因此，在本例中引入近似等级求值评价方法，来避免这些缺陷，充分利用模糊综合评价值B中的各个等级评分来确定该因素对评价等级的隶属程度。

假设将4个分值(5,4,3,2)中的5分设定为1，2分设定为0，将区间[0,1] 平均划分为三个等分区间，则4个分值点构成等级矩阵$C=(1,0.66,0.33,0)$，其转置矩阵为：

$$C' = \begin{bmatrix} 1 \\ 0.66 \\ 0.33 \\ 0 \end{bmatrix}$$

设$e=R_k \cdot C'$，其中R_k为因素集中各个单因素的模糊评价矩阵，依次可以计算得到各个因素相对评价等级的隶属程度：

$$e_1 = R_1 \cdot C' = (0.5, 0.4, 0.1, 0) \cdot \begin{bmatrix} 1 \\ 0.66 \\ 0.33 \\ 0 \end{bmatrix} = 0.797$$

$$e_2 = R_2 \cdot C' = (0.1, 0.4, 0.5, 0) \cdot \begin{bmatrix} 1 \\ 0.66 \\ 0.33 \\ 0 \end{bmatrix} = 0.529$$

$$e_3 = R_3 \cdot C' = (0.6, 0.1, 0.2, 0.1) \cdot \begin{bmatrix} 1 \\ 0.66 \\ 0.33 \\ 0 \end{bmatrix} = 0.732$$

$$e_4 = R_4 \cdot C' = (0.7, 0.1, 0.2, 0) \cdot \begin{bmatrix} 1 \\ 0.66 \\ 0.33 \\ 0 \end{bmatrix} = 0.832$$

$$e_5 = R_5 \cdot C' = (0.5, 0.4, 0.1, 0) \cdot \begin{bmatrix} 1 \\ 0.66 \\ 0.33 \\ 0 \end{bmatrix} = 0.797$$

因此，各因素的隶属程度可表示为矩阵 $E=(0.797,0.529,0.732,0.832,0.797)$。从矩阵结果可以知道，该"双创"教育质量评价中，文化建设、师资队伍、社会服务的评价为优，实践成果和教学环节的评价为良。

由各个单因素对评价等级的隶属程度，用权重模糊集 A 乘以转置矩阵 E' 即可得到整个评价方案对评价等级的隶属程度。

$$e = A \cdot E' = (0.2,0.1,0.4,0.2,0.1) \cdot \begin{bmatrix} 0.797 \\ 0.529 \\ 0.732 \\ 0.832 \\ 0.797 \end{bmatrix} = 0.7512$$

各因素的评定值可由其隶属程度和权重相乘后再乘以满分分数得到：

$$y_1 = 100 \times 0.2 \times 0.797 = 15.94$$
$$y_2 = 100 \times 0.1 \times 0.529 = 5.29$$
$$y_3 = 100 \times 0.4 \times 0.732 = 29.28$$
$$y_4 = 100 \times 0.2 \times 0.832 = 16.64$$
$$y_5 = 100 \times 0.1 \times 0.797 = 7.97$$

该"双创"教育综合评分由以上各因素评定值求和即可得到：

$$y = \sum_{i=k}^{n} = 15.94 + 5.29 + 29.28 + 16.64 + 7.97 = 75.12$$

由此可见，该"双创"教育综合评定等级为良。

近似等级求值评价可以量化高校"双创"教育质量，从而不同学校之间可以进行相互比较。

五、结束语

模糊综合评价的结果是被评价对象对各等级模糊子集的隶属度，它不是某一个点值，而是一个模糊矢量，因而所提供的信息更丰富、更全面，避免单凭经验带来的主观性，能更加科学、客观地评价高校"双创"教育，为学校决策者提供指导性意见。

当然，模糊综合评价法还有一些不足之处尚需完善，如评价方案中各种因素的含义具有不确定性且在评价过程中评价者带有一定的主观性，导致最终确定等级时不确定性较大。此外，对模糊综合评价过程有重要影响的权重系数的选择，也很容易受主观因素的影响。

将模糊数学应用于"双创"教育评价是一种创新性的探索与尝试，虽然还存在一些问题和不足，但为学校决策层实施教学改革与发展规划提供了有力工具。

参考文献

[1] 韩成勇.大数据背景下的高校教学评价[J].电脑知识与技术,2017(13).
[2] 耿晓凤,张春慧.高校学生评教量表现状及评教影响因素分析[J].大学教育,2021(8).
[3] 戎晓霞,万骁乐,孟庆春.基于模糊综合评价的大学生创业教育满意度研究[J].黑龙江高校研究,2019(4).
[4] 任立肖,石玉茹,常呈蕊.基于过程方法与内部因素的高校创新创业教育评价[J].中国轻工教育,2021(5).
[5] 冯艳飞,童晓玲.研究型大学创新创业教育质量评价模型与方法[J].华中农业大学学报(社会科学版),2013(1).
[6] 李圣,查钢强,李春科.丝绸之路沿线高校创新创业教育评价体系构建研究[J].西安财经大学学报,2021,34(5).

铁路高职院校思想政治教育亲和力提升路径研究

管丽娟

（武汉铁路职业技术学院）

摘　要

　　本文结合铁路高职院校文化育人特色，探索铁路高职院校思想政治教育亲和力的建设路径，从而提升铁路高职院校思想政治教育亲和力，增强铁路高职院校思想政治教育的实效性。

关键词

　　文化育人　思想政治教育　亲和力

一、引言

　　党的十九大报告指出，要深入挖掘中华优秀传统文化蕴含的思想观念、人文精神、道德规范，结合时代要求继承创新，让中华文化展现出永久魅力和时代风采。这为新时期高校思想政治教育指明了方向，也提出了目标和任务。中华民族优秀铁路文化是宝贵的精神财富，具有丰富的时代内涵，它既有历史的传承，又有时代的创新，是铁路高职院校思想政治亲和力建设的基点。

二、铁路高职院校思想政治教育亲和力界定

　　铁路高职院校思想政治教育亲和力是指铁路行业院校坚持以人为本的发展理念，以

优秀铁路文化为基点,将优秀、厚重的铁路文化作为高校重要的思想政治教育资源,充分发挥铁路文化铸魂育人功能,持续优化特色思想政治教育活动,使思想政治教育具有亲近感、和谐感,满足学生的不同需求和期待,促进学生接受思想政治教育的融合力量。

三、铁路文化育人功能

铁路文化是铁路人共建共享的精神家园,经过百年历史文化传承,铁路文化形成了自身的文化特点,蕴藏着丰富的育人功能。

(一)厚植爱国主义情怀

在铁路文化谱系中,爱国奉献始终居于首要地位,它是中国铁路的价值追求。筑路报国、兴路强国是中国铁路薪火相传的光荣传统,成为下一代人永攀高峰的动力源泉。铁路高职院校师生有着天然的文化优势,对铁路报国情怀也有着全新的认知。百年铁路见证爱国情怀,铁路高职院校师生有着浓厚的爱国主义情怀,具有天然的凝聚力和自豪感。

(二)传承艰苦奋斗作风

艰苦奋斗是中国铁路的厚重底色。一代又一代铁路人不畏艰险、艰苦奋斗,谱写了中国铁路建设的辉煌篇章,形成了人类历史上宝贵的精神财富。把铁路文化融入铁路高职院校思想政治教育,有助于传承艰苦奋斗的优良作风,增强全校师生战胜困难的毅力和勇气。

(三)培育勇于创新精神

中国铁路已达到世界先进水平,成为中国速度、中国智慧与中国力量的标签,形成中国精神的重要文化标志。铁路文化是创新的文化。把铁路文化融入铁路高职院校的思想政治教育,有利于培育铁路高职院校师生勇于创新精神,推动其不断改革、不断奋斗、不断创新。

(四)激励勇争一流锐气

铁路文化是与时俱进的文化。中国铁路从无到有,由弱变强,引领世界,正是因为中国铁路一直坚持着迎难而上、勇争一流的豪迈品质。把铁路文化融入铁路高职院校思想政治教育,有利于激励铁路高职院校师生敢于担当、勇于突破的精神,激发其勇争一流的劲头和努力进取的锐气。

四、当前铁路高职院校思想政治教育亲和力不足的主要表现

为准确分析当前铁路高职院校思想政治教育亲和力不足的表现及成因,我们采用调查问卷与分析的方式,调查对象为学院一、二、三年级学生,调查问卷采取不记名方式,对影响亲和力的四大要素进行调查,包括教育主体、教育对象、教育内容与教育方法。共回收问卷1000份,其中有效问卷980份,有效问卷回收率98%。通过对调查问卷的分析,铁路高职院校思想政治教育亲和力不足,主要表现在以下几个方面。

(一)教育工作者亲和力不强

教育工作者是铁路高职院校思想政治教育的实施者和组织者,具体包括思想政治理论课教师、学生工作者、辅导员、班主任以及各学科教师。通过表1中的数据发现,学生对教育工作者的认同感不高,教育工作者的亲和力不强。

表1 当前铁路高职院校思想政治教育工作者的亲和力现状

亲和力现状	很强	较强	一般	较弱
计数	91	280	256	353
有效百分比	9.29%	28.57%	26.12%	36.02%

从对教育工作者应具备的素质调查结果来看,38.29%的学生认为教育工作者的人格魅力很重要,41.01%的学生认为教育工作者对待学生的态度决定了亲和力水平,10.19%的学生看重教育工作者的教育能力和科研水平,10.51%的学生觉得教育工作者的形象气质很重要。

数据表明,铁路高职院校思想政治教育工作者对学生的影响是潜移默化的,其人格修养、情感态度、教学与科研水平、外在形象等都深深影响着学生,影响学校思想政治教育亲和力水平。

(二)教育对象对思想政治教育实践活动亲近感偏低

调查发现,如表2所示,只有19.08%的学生认为思想政治教育实践活动对于自身的未来生活有着积极的影响,80.92%的学生认为思想政治教育实践活动对于自身的未

来生活影响不大。数据表明,学生接受思想政治教育的积极性不高,对思想政治教育实践活动亲近感偏低。

表 2 思想政治教育实践活动对于学生未来生活的影响程度

影响程度	很大	较大	一般	很小
计数	87	100	418	375
有效百分比	8.88%	10.20%	42.65%	38.27%

(三)教育内容亲和力水平较弱,难以激发学生学习热情

当前铁路高职院校思想政治教育内容主要包括两大部分:思想政治理论课教学和思想政治教育实践活动。调查发现,如表 3 所示,只有 23.98% 的学生认为思想政治教育内容的亲和力水平较强,认为思想政治教育内容的亲和力水平一般或者较弱的高达 68.78%。数据表明,学生对思想政治教育内容的认同感偏低,思想政治教育内容难以激发学生学习热情,从而影响了思想政治教育的亲和力水平。

表 3 当前铁路高职院校思想政治教育内容的亲和力现状

亲和力现状	很强	较强	一般	较弱
计数	71	235	342	332
有效百分比	7.24%	23.98%	34.90%	33.88%

(四)教育方法单一,缺乏互动性和启发性

如表 4 所示,仅 28.57% 的学生认为当前铁路高职院校思想政治教育方法的亲和力很强或较强,这说明教育工作者的教育方法缺少互动性和启发性,师生之间缺乏互动与交流,教育方法比较单一,学生对思想政治教育方法的亲和力认同感较低。在调查中发现,学生更喜欢小组讨论、主题演讲、时事辩论、社会实践等教学方式。

表 4 当前铁路高职院校思想政治教育方法的亲和力现状

亲和力现状	很强	较强	一般	较弱
计数	67	213	318	382
有效百分比	6.84%	21.73%	32.45%	38.98%

五、铁路高职院校思想政治教育亲和力提升路径

(一)提升教育理念的感召力

教育理念的感召力建设是高校思想政治教育亲和力建设的基础,具有重要的激励和导向作用。铁路文化精神是铁路高职院校师生自我认同的前提,加强对铁路文化的全面学习与深入思考,充分发挥铁路文化的价值引领作用,让铁路文化精神凝聚共识、积聚力量,成为铁路高职院校培育人才的价值塑造根基。铁路高职院校应充分发挥自身的人才优势和理论研究优势,对铁路文化精神进行挖掘、整理,引导教师结合自身专业进行研究,结合具体的铁路工程实践,丰富铁路文化的精神内涵,增强铁路高职院校思想政治教育理念的感召力和共情力。

(二)提升教育主体的凝聚力

教育主体的凝聚力建设是铁路高职院校思想政治教育亲和力建设的主体,是亲和力建设的关键和核心。在当今的"三全育人"教育理念下,思想政治教育主体除了从事思想政治教育的工作者外,还包括学校其他课程的教师、教育服务人员和生活服务人员,他们是学生品格塑造、知识学习、文化娱乐中的潜在力量,是亲和力建设不可或缺的重要力量。

一是要增强教育主体的情感魅力。教育主体要以铁路文化精神为引领,成为铁路文化精神的传播者和践行者,将自身打造成一个具有感染力、鼓舞力的人,才能将自身的热情和激励传递给学生,推动学生前进。通过科学方法管理好情绪,合理地表达积极情感,通过情感反馈,展示教育主体的情感魅力,增强教育效果。

二是加强理论学习,提升教育主体运用铁路文化精神的能力,将铁路文化精神内嵌于各学科课程之中,实现从教材体系、知识体系到价值体系的转化,提升学生对教育主体亲和力的认同感。

(三)提升教育内容的吸引力

将铁路文化融入思想政治理论课堂和各学科课程。课堂教学是铁路文化融入铁路高职院校思想政治教育的主要渠道,将铁路文化融入教学,能更好地发挥铁路文化的育人功能。一是将铁路文化融入思想政治理论课教学,找到课程内容与铁路文化的契合点,运用铁路典型人物和铁路大事件讲述理论知识,使学生不仅能掌握理论知识,还能掌

握更多的铁路文化知识,增强铁路高职院校文化育人效果。二是将铁路文化融入各学科教学。各专业课和基础课教师挖掘各科课程与思想政治教育的契合点,将铁路文化融入教学内容和环节,讲好铁路故事,让铁路文化对学生进行潜移默化的熏陶和影响,提升铁路高职院校思想政治教育亲和力水平。

(四)提升教育方法的共情力

一方面构建"实践育人"的教育模式,积极引导师生参加校内外的各项思想政治教育实践。将铁路文化融入校园文化建设,充分发挥铁路文化的德育功能,达到"以文化人、以文育人"的效果。通过开展丰富多彩的校内外实践活动,鼓励全校师生共同参与学习铁路文化,感受铁路文化氛围,增强全校师生知校、爱校的凝聚力和向心力。

另一方面构建"教学相长"的师生关系。师生之间民主、平等、互助、协作,以对话交流的方式共同学习进步,尊重学生的个性发展,师生以共生相长的理念参与教学活动,从而促进师生全面、优质与和谐发展。

六、结束语

铁路高职院校思想政治教育工作应将优秀、厚重的铁路文化作为重要的思想政治教育资源,将其渗透到学生的学习生活中。挖掘中华优秀铁路文化的时代价值和教育价值,探寻其与思想政治教育之间的契合点,实现有效融合,形成以优秀铁路文化为基点、独具特色的思想政治教育模式,发挥铁路文化的铸魂育人作用,为新时代的铁路高职院校师生注入中华优秀铁路文化基因。

参考文献

[1] 白敬科.铁路行业文化的延伸辐射与创新[J].领导科学论坛,2014(17).
[2] 李春.新时期高校德育亲和力研究[D].重庆:西南师范大学,2004.
[3] 张正光.提升思想政治教育亲和力的有效路径[J].思想理论教育导刊,2017(5).
[4] 李建.思想政治教育亲和力构成要素及形成机理研究[J].思想教育研究,2017(3).
[5] 李建.论思想政治教育亲和力的结构层次[J].学校党建与思想教育,2017(15).
[6] 佘远富,李亿.以提升"亲和力"为导向的高校思政课教学创新与实践[J].江苏高教,2018(9).
[7] 董悦.交通行业院校学生思政教育亲和力的提升路径探究[J].课程教育研究,2018(26).

"1+X"电子商务月度销量环比数据案例分析

苏 雪 石烺峰

(武汉铁路职业技术学院)

摘 要

数据分析指用适当的统计、分析方法对收集的大量数据进行分析,将它们加以汇总、理解和消化,以求最大化地开发数据的功能,发挥数据的作用。数据分析是为了提取有用信息和形成结论而对数据加以详细研究和概括总结的过程。数据分析的目的是把隐藏在一大堆看似杂乱无章的数据中的信息集中和提炼出来,从而找出研究对象的内在规律。本文数据分析依据为"1+X"电子商务数据分析证书标准有机融入以社团为平台的"1+X"电子商务大数据分析与应用课程教学的案例。通过数据分析找出月度销量环比数据增长和下降的根本原因,分析所得数据以判定设计方向,及早进行干预和支持,达到提高商业利润的最终目的。

关键词

"1+X" 案例 环比数据 数据分析

一、引言

随着数字经济的快速发展和行业数字化转型程度的不断加深,数据将成为核心生产要素。企业已经意识到数据对于行业发展的重要性,纷纷设置数据分析部门。企业数据分析师需要掌握数据采集和数据处理的知识、方法和工具,通过数据平台、问卷调研等工

---

① 本文系校级课题"基于'1+X'的课证融通人才培养模式方案研究——以电子信息计算机技术专业群为例"(Y2020004)的成果。

具或途径获取电子商务企业内外部数据。"1＋X"电子商务数据分析就是通过 Excel 等数据处理工具对采集的数据进行处理与基础分析,能够监测企业经营数据,及时发现数据异常,完成数据图表制作。

在电商企业经营销售过程中会产生大量的销售数据,需要企业根据前期的销售数据和市场变化及时调整销售策略,帮助销售部门实现销售目标。销量是销售数据中需要重点分析的数据,企业需要对每个月的销量进行比较分析,及时发现销量增长或减少的情况,进而结合销售数据,找出数据变动的具体原因,从而调整相关营销策略,改善销售情况。本文假设已知某电商企业 2018 年各月份的销量数据,部门经理安排小苏对同一年内不同月份销量的情况进行分析,进而支撑销售策略的优化。

二、案例描述

选择同年的不同时期,进行相同事物的对比,可以采用环比分析法,用某一期数据和上期数据进行比较,计算趋势百分比,观察数据的增减变化情况。本案例中需对比同一年不同月份的销量,从对比结果可看出本月销量相比上月销量的增长情况。如本月销售情况不错,下月还可延续本月的销售方案;如销售情况不理想,则需进一步优化销售方案。

三、案例操作

借助环比分析法分析月度销量,其操作步骤及关键节点成果如下。

1. 步骤 1:数据获取

获取小苏所在企业 2018 年各月份销量数据,获取数据表后,将数据添加至 Excel 工具中,如图 1 所示。

2. 步骤 2:创建数据透视表

对该企业 2018 年销量数据进行环比分析,可以借助数据透视表功能来完成,选择要分析的数据及放置数据透视表的位置,完成数据透视表的创建,如图 2 所示。并在右侧"数据透视图字段"编辑区选择需要呈现在数据图中的指标,如图 3 所示。最终形成的数据透视图表如图 4 所示。

3. 步骤 3:计算环比增长值与环比增长率

在数据透视表中选中汇总的某一个数值并点击鼠标右键,然后点击"值显示方式"按

	A	B
1	某企业2018年各月份销量数据	
2	月份	销量（单位：万件）
3	2018年1月	123
4	2018年2月	165
5	2018年3月	180
6	2018年4月	203
7	2018年5月	198
8	2018年6月	189
9	2018年7月	183
10	2018年8月	196
11	2018年9月	191
12	2018年10月	221
13	2018年11月	289
14	2018年12月	211

图1　某企业 2018 年各月份销量数据

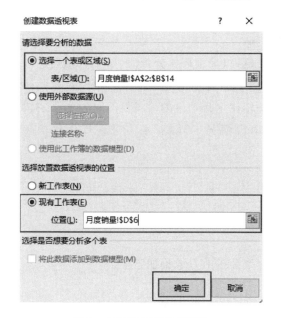

图 2　创建数据透视表窗格

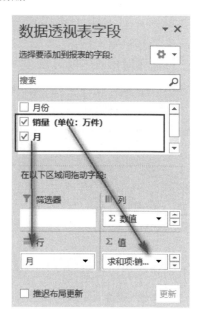

图 3　数据透视表字段

图 4　数据透视图表

钮,再点击"差异"按钮,如图5所示。在"值显示方式"编辑区的"基本字段"选择"月","基本项"选择"(上一个)",如图6所示,即可得出月销量环比增长值。同理,当点击"差异百分比"按钮时,在"值显示方式"编辑区完成基本字段和基本项的设置,即可得出月销量环比增长率。

图5 值显示方式设置

图6 基本字段、基本项选择

经过以上操作,表格中会自动生成该企业2018年各月销量的环比增长值与环比增长率,如图7所示。

四、案例分析

根据图7,可以分析出该企业2018年各月销量的差异及变化趋势。2月、3月、4月、8月、10月、11月呈上升状态,其中11月达到最高值。5月、6月、7月、9月、12月呈下降状态,其中12月达到最低值。通过对比分析,找出产生这些差异的原因,可为企业决策提供依据。

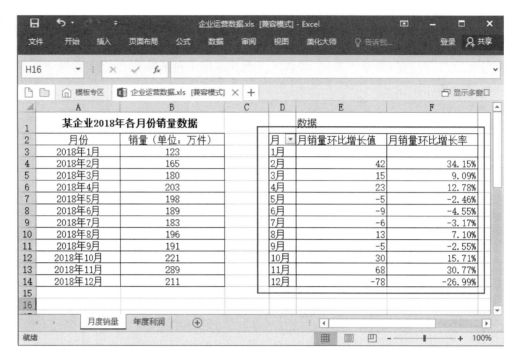

图 7　2018 年各月销量环比增长值与环比增长率

五、结束语

数据分析是基于商业目的,对数据有目的地进行收集、整理、加工和分析,提炼有价值信息的过程。以上通过某电商企业 2018 年各月销量环比数据分析,清晰地了解到数据的变化,找出这些变化的根本原因,可使决策更加合理。数据分析可视化将数据变成了信息,变成了决策的有利依据,变成了资产,实现了智能决策和利润提升,达到了数据分析的商业目的。

参考文献

[1]　王英春.1+X 证书制度实施模式研究[J].辽宁高职学报,2020,22(8).

[2]　杜海瑛.以职业能力为中心构建高职"1+X"模块式课程结构体系[J]　知识文库,2021(2).

[3]　杨天红.1+X 证书制度下高职电子商务专业人才培养模式改革[J]　吉林省教育学院学报,2021,37(3).

[4]　唐雨薇.第三方电子商务大数据分析平台的构建与应用分析[J].技术与市场,2021,28(9).

基于"1+X"证书制度的专业群人才培养模式探析

杨 沁

(武汉铁路职业技术学院)

摘 要

"1+X"证书制度是国家职业教育全新的制度设计,对我国职业教育发展具有深远意义。国家要求在职业教育过程中,不仅关注对学生综合职业技能方面的培养,还应通过"1+X"证书制度,切实推动社会产业需求同高职教育专业培养目标相融合,确保职业教育落到实处。在"1+X"证书制度落实过程中,对高职院校专业群建设提出了全新的要求。高职院校应以"1+X"证书制度推进为契机,打造高水平专业群,为社会培养与生产相适应的复合型技能人才。本文剖析"1+X"证书制度下专业群的价值,探索基于"1+X"证书制度的专业群人才培养模式的实施意义,指出基于"1+X"证书制度的专业群人才培养模式的问题,然后提出相应的改革建议,对职业教育发展有一定的借鉴意义。

关键词

"1+X"证书制度 专业群 人才培养模式

一、引言

根据教育部最新政策和要求,目前主要推进高职院校"学历证书+若干职业技能等级证书"制度,也就是"1+X"证书制度试点工作。"1+X"制度是我国现阶段推进职业教育改革的重要战略部署。它被定位为新时代职业教育制度设计的创新,是职业教育人才

---

① 本文系武汉铁路职业技术学院职业教育提质培优行动计划委托课题"中国特色职业教育实践体系研究"(KYWT202104)的成果。

培养模式的创新抓手和策略。但是关于怎样实现"1＋X"课证融通,怎样利用"1＋X"证书制度推进的契机创新改革人才培养模式,以及现阶段面临的政策如何落实实践问题等方面的研究相对较少,尤其是人才培养模式创新方面,这关系到"1＋X"证书制度是否能够真正被执行,同时也关系到高职院校是否能够实现培养复合型技术技能人才的目标。此外,更重要的是,关系到现代职业教育改革的目标、现代职业教育发展方向与历史使命。

二、"1＋X"证书制度下专业群的价值

"1＋X"证书制度是指高职院校学生毕业同时取得学历证书和若干职业技能等级证书。"1＋X"证书制度是有机衔接和相互融通的整体,"1"是基础,其人才培养方案包含职业技能等级证书的要素,"X"是"1"的有效补充、强化和拓展。职业技能等级证书的考核标准须与社会需求相辅相成。

(一)专业群是社会发展的新产物

当前,知识经济发展如日中天、信息传输高速而面广;技术不断迭代,产业发展正在谋求转型升级;产业结构转型和升级发展如火如荼,对复合型、创新型人才需求非常旺盛,同时也对人才提出了更高的要求。现阶段,企业一直面临着技能人才供给不足、无人可用、人才链与产业链严重脱节等问题。而高职院校也为人才输出头疼不已,学生找不到对口专业的工作岗位或者根本无法就业,这种状况会形成一种新常态。高职院校若想培养出与社会需求相匹配的人才,必须加快专业群的打造和升级,为社会培养高素质技能人才。

(二)专业群是校企合作的新路径

校企合作制度推行了多年,但一直处于不温不火的状态,专业群的打造无疑是给校企合作增砖添瓦。社会转型升级与校企资源整合构建的专业群,由此产生的内驱力与学校办学积极性,能够使产教融合、校企合作办学关系进一步加强,使得校企合作主体双方关系更趋平衡。校企双方通过产业链、研发创新、产品升级等与专业群能够有机融合和完美对接。专业群建设能够有效打破传统校企合作停留在浅层次的局面,校企双方就专业如何对接产业链、如何对接工作岗位做进一步探讨和合作,做到深层次的校企交流,使学生能够无缝对接工作岗位。对整个社会来说,这无疑是降本增效的合作。

三、基于"1+X"证书制度的专业群人才培养模式的实施意义

(一)提高职业教育的产业适应性

高职院校通过实施基于"1+X"证书制度的专业群人才培养模式,利用其所具有的针对性,一方面能够充分体现高职院校的人才技能等级及专业素养水平;另一方面能够有效引导学生在学习和培训中明确认知岗位职责和岗位需求,从而成功考取适合自身职业规划的技能证书。基于此,高职院校培养的专业技能人才在社会企业就业过程中拥有更强的匹配性、灵活性和多元性,增强学生的岗位适应能力,提升高职院校的就业率,为企业输所需人才,形成良性循环。

(二)提高培养复合型技能人才的能力

传统岗位讲究一技之长,而如今面对日益增强的竞争环境,为了提升自身的竞争力,越来越多的企业需要的是能够身兼多职的复合型技能人才。基于"1+X"证书制度的专业群人才培养模式的推进和实施,结合当今社会现代化发展的特征,将与时俱进的技能知识融入职业教育学历证书及各类职业技能等级证书的学习、培训和考取。学生通过学习不仅取得职业等级证书,还对时代新兴信息科学技术有了较为全面的了解和掌握,提升了学生解决问题的思维和能力。由于"1+X"证书制度自身所具备的特征,其在实施过程中更加注重产、学、研的有机结合,为企业培养所需的复合型技能人才提供了更广阔的平台。

四、基于"1+X"证书制度的专业群人才培养模式的问题分析

专业群建设的目的是结合企业发展的人才需求,提升人才培养质量。当前,高职院校人才培养理念存在一定的问题,脱离了产业结构、产业链条及产业发展新常态,导致输出人才与产业需求不匹配。"1+X"证书制度的核心本质为:在职业教育领域增加相关的职业技能等级证书,能够让专业能力素养和单项技能培训有机结合在一起,由此使高职院校毕业生具备现代化生产大背景下所需的复合型技能,其主要目的在于强化职业教育供给与社会产业需求的耦合性。

（一）高职院校生源多元化，适应能力有差异

目前，高职院校的学生来源于多种招生类别，除普通高考生源外，还有技能高考、"3＋2"联合培养以及社会考试等途径。一方面，学生学习能力具有明显的差异性，对专业的适应能力各不相同。这样的群体状态日积月累、相互影响，学生的学习主动性会越来越差。另一方面，有些学生在入学后并没有及时对专业进行基本认知，同时根据目前各学校的政策，学生也不能根据自身的兴趣爱好选择专业和方向，这样的教学模式不能发挥个人的特长，从而让部分学生逐渐丧失自主学习的乐趣和动力。人才培养方案是根据专业方向设置课程体系，具体来说，就是人才培养方案、课程体系、实践教学相互孤立存在，这样的人才培养方案没有以学生为主体，对学生个性的培养和发展更是较少关注。

（二）校企合作浅尝辄止，培养模式停滞不前

高职院校教学的技能和职业能力培训场景必须配套高质量的实训室和实训基地。目前，在高职教育扩招的政策影响下，高职教育人数不断增加，实训场地建设跟不上学生的需求速度。校企合作是国家一直推行的指导思想和策略，目的是通过校企双方深入合作，充分利用和整合各方资源，培养与企业需求相匹配的人才。在校企合作开展中，企业可以为在校学生提供学习、培训、实习的机会和场地。但现实中，一旦院校和企业双方的共同利益出现不一致，企业方面会对学校输出的人才拒绝接纳，学校方面也会因此对合作望而却步，这将导致双方的合作停滞不前。此外，高职院校一直孤立地开展校企合作和产教融合的浅层次活动，主要以传统模式开展实践教学，不能形成专业群优势。此外，目前学校实训场地缺乏，校企合作及产教融合未能达到职业教育发展的目标，目前大多数高职院校的课堂始终仍停留于教师一个人在讲台上向学生单向传输知识，教师按部就班地教学，一味进行知识普及。学生只用配合教师完成教学任务，对自身的启发性教育较少涉及。

（三）片面评价影响人才的培养

在智能生产的驱动下，新型人才的新标签是"能跨界"和"身兼多职"，现代人才要求是集德、识、学等多种要素于一身，"全面"和"个性"发展是现代社会发展的核心要求。当前的现状是，在人才评价过程中，仍侧重于纸笔测试和按标准答案进行评判，得到的结果无疑是片面的。这种评价模式不利于发现学生的闪光点和个性特点，更不用说因材施教了。学生潜能得不到发现和启发，才华可能会被埋没。目前的评价模式造成对宝贵的教育资源的浪费，还对学生自身的发展不利，增加了学生的机会成本，企业也难以招聘到合

适的人才,形成了"三方不利"的局面。

五、基于"1+X"证书制度的专业群人才培养模式改革建议

(一)"1+X"证书制度下重构专业群课程体系

人才创新培养模式的变革、研究探索及落地执行,最终还是要靠课程体系来体现。同时,课程体系与学生的灵活性、自由性、主体性也息息相关。复合型技能人才的成长成才培养,应注重提升、完善基础课程,强化专业核心课程。首先,基础课程建设和变革应以实践为导向,强调以体验教学为核心;课程内容构建应以学生为主体,重新制定课程标准、课程具体内容和课程评价体系,形成最终方案。其次,理清理论基础与实践实训相结合的专业体系课程,依照岗位任务转化及项目学习任务,整合线上线下课程资源。最后,要按照企业需求来广泛构建选修课程体系。

(二)强化基于"1+X"证书制度的专业群人才培养模式的保障条件

"1+X"证书制度包含多种基本内容。第一,从办学角度来说,高职院校务必继续加强产教融合育人机制,加快实训室和实训基地建设,打造教师技能指导的发展平台。产教融合和校企合作是人才培养模式创新的主要抓手,是院校人才培养过程中的重要因素和特点。校企合作也可从很多层面来解读。从学校层面来说,主要包括资源平台、基础制度方面的大力支持,比如建设"1+X"证书制度培训实习基地。从院系层面来说,务必积极进行技能等级证书融入课程体系研究,以及课程评价标准和体系多元化探索,将产教融合和校企合作范围里的课程结构体系和教学目标内容调整、资源平台建设等一一落实。高职院校需要拓宽资源面,通过线上平台共享等方法,构建多元化平台资源,丰富和扩大资源的层次性和覆盖面,为培养复合型技能人才提供更多的保障条件。

(三)切实增强师资力量

基于"1+X"证书制度的专业群人才培养模式的实施和落实中,高职院校务必注重师资力量的提升和培训。一方面,高职院校应与企业加强交流合作的频率和改进模式,企业应提供更多岗位和机会给教师进行挂职锻炼;另一方面,高职院校应出台相应激励政策,鼓励教师参加高层次国际学术会议,提供更多的教师培训机会,成立相应工作小组,随时掌握和收集整理行业最新资讯和发展趋势,引导教师学习前沿专业技能知识,为

教师有效开展专业技术课程教育奠定良好的理论基础。目前,对于多生源途径的高职院校,在课程学习过程中,有些学生缺乏学习的主动性,不能调动学生的主观能动性,教师更需要发挥榜样的力量,引领学生深入探究专业技能,努力提升学生的专业技能水平。因此,"1+X"证书制度下专业群人才培养过程中,增强"1+X"证书制度教学模式师资团队的打造非常紧急和必要。

(四)对接区域产业链,提升专业群人才培养能力

高职院校应充分对接区域资源和产业发展,服务地方产业集群,按照相同的工作范畴、相同的专业基础、相关的岗位群、相近的技术领域组建专业群。专业群应进行对标,不断完善自身结构。与区域产业园区产生连接,与当地企业合作,与行业组成联盟。专业群构建要与产业链相契合,专业升级调整要与产业技术发展相契合,专业人才培养目标与产业岗位需求能够相辅相成,全方位提升专业群建设与产业链需求的匹配度。通过优化打造新生代专业群,来进一步提升院校与区域产业群的匹配度,达到专业资源配置优化和跨界复合发展的目标,结合"1+X"证书制度的新政策和条件,形成产教融合的良好生态。

(五)"1+X"证书制度下推进专业群人才的人格培养

根据企业对人才的新要求,高职院校可从社会需求、产业及行业发展、学校特色、学生发展等四个层面出发,构建思政教育、劳动教育、创新创业教育的能力素养集合。高职院校通过专业打造与职业精神的有机结合,重新构建以学习项目为载体的教学内容新型体系,将各种重要因素嵌入教学的各个环节,形成逻辑清晰、环环相扣的课堂教学链条。另外,课堂教学过程可以按照任务驱动、导向行动、结果讲解与展示的教学模式开展教学活动,将学习活动完完整整嵌入学生任务,使学生能够清醒地认识到自身价值,在课堂教学实践和完成任务过程中掌握基础知识、操作技能,形成健全完整的人格。

六、结束语

职业教育改革路径在不断探索和发展中继续前进,社会产业和企业的发展非常迅速,这势必会对人才培养提出新要求和新标准。因此,高职院校在人才培养和教学实践中,必须随时关注企业发展,紧密联系基于"1+X"证书制度的人才培养模式,以此来确保高职院校学生培养能够匹配社会就业市场需求,为企业输送高匹配度的现代化复合型技能人才。

参考文献

[1] 徐国庆.智能化时代职业教育人才培养模式的根本转型[J].教育研究,2011,37(3).

[2] 吴翠娟,李冬.高职教育专业群的内涵分析和建设思考[J].教育与职业,2014(8).

[3] 唐以志."1+X证书"制度:新时代职业教育制度设计的创新[J].中国职业技术教育,2019(6).

[4] 李伟.智能制造视域下技术技能人才的培养标准与路径新探[J].职业技术教育,2017(19).

[5] 李政.职业教育1+X证书制度:背景、定位与试点策略[J].职教通讯,2019(3).

[6] 吴昆.1+X证书制度试点背景下的BIM技术人才培养模式研究与实践[J].中国职业技术教育,2019(27).

[7] 许朝山.新基建背景下智能制造专业群人才培养路径探索[J].中国职业技术教育,2020(27).

教学与素质养成相结合的高校体育教改方案研究

陈先明

(武汉铁路职业技术学院)

摘 要

随着社会发展和素质教育的推广,我国各个阶段的教育都在进行不断改革和调整。教育不仅仅是为了提升学生的学习成绩,更重要的是要将学生培养成为具备较高素养的人才,让他们能够在学习中获得更加全面的素质培养。因此,目前在高校体育教学中同样需要融入素质教育,让学生的身体素质和个人素养都可以得到更好的提升。然而,经过调查发现,目前有部分高校的体育教学中仍存在一些不足和问题,导致学生的素质养成受到一定阻碍。本文对这些问题展开分析,并且对高校体育教改的有效方案进行讨论,提出教学与素质养成相结合的具体方法,希望能够为我国高校体育教学发展和学生综合素养提升提供参考。

关键词

高校体育 素质教育 教改方案

一、引言

大学时期的学生正处于青春期,这是对他们的身体素质和个人素养进行培养的好时机。高校体育正是适合培养学生素质的教学科目,必须要利用高校体育教学,在这个时期对学生展开充分的体育教学和素质养成,让他们的综合素养获得全面提升,让他们的成长和未来发展都能够以更好的基础去获得更加出色的成果。综上所述,要想让高校体育教学达成理想的教学效果,就需要高校体育教师能够对传统的教育理念和教育方式进行改革，发现并改进体育教学当中的不足与缺陷，让自己的教学模式和教学内容更加符合素质教育的要求，从而让体育教学的质量和水平都获得实质性的提升。

二、高校体育教学中存在的问题

（一）学生对于体育的学习积极性不高

素质教育融入体育教学，主要是为了使学生能够在体育锻炼和学习中获得更好的素质培养，有利于他们的综合素养提升和个人成长。体育教学模式必须能够充分吸引学生们的注意，引起他们的兴趣，尽可能增加师生间的互动，营造良好的课堂氛围，才能让学生更加积极主动地参与体育学习和锻炼。要想全面落实素质教育，仅靠教师单方面的体育知识传授，是不可能让学生融入课堂从而得到充分培养的。可是，在目前部分高校的体育教学中，素质教育的教学方法融入并没能达到较为理想的成效，达不到太好的教学效果。在现如今的高校体育教学中，有部分体育教师依然采用传统的体育教学模式，教师仅仅为学生布置一定的体育任务后就让学生进行自由活动，并没有将素质教育适当地融入教学。这样的方式对于学生来说较为枯燥单调，他们对于体育知识的学习兴趣无法获得有效激发，体育锻炼氛围得不到提升，学生对于各种体育锻炼和活动的参与度也很低，从而导致高校体育素质教育难以顺利推进。

（二）高校体育的授课时长安排不合理

目前来说，国内的大部分高校对于学生的教育依旧侧重于文化知识方面的培养，因此学生所能接受的体育学习课时也明显不够。这种情况下，学生需要学习的体育知识和技能被压缩在较少的课堂教学中，教师的教学也必然无法太过仔细，没办法保证让所有学生都能获得全面的培养和提升，更没办法很好地将素质教育融入体育教学，让学生获得素质培养。同时，在课时安排较少的情况下，教师对学生的体育教学也比较仓促，往往安排的任务和活动衔接得较快，学生还没能从上一个体育活动或知识中获取完全就必须得接受下一个。这样会让学生的体育学习压力过大，让学生对于体育的学习兴趣和在体育学习中所获得的素质教育水平大打折扣，无法有效实现素质教育的教学目标。

（三）在体育教学中教师得到的教学反馈太少

在以前的学习和课堂教学中，无论是体育教学还是文化知识教学，大部分教师都只在期末对学生在本学期的学习情况和学习成绩进行评估。但是在整个学期的学习中,教师对学生当前的学习情况和状态得到的反馈非常少,这也导致学生难以意识到自己的不足和学习中出现的问题,并且没有办法针对这些问题去及时改正。目前的体育教学也是如此,教师对学生的体育素质培养和综合素养的提升都没有在日常教学中展现,往往只是在最后的体育成绩测试中对学生进行评判。这样并不能将每个学生的真实水平展现出来,对学生的素质培养也没有太大的帮助,反而会因为这样的评价方式使学生在日常体育锻炼和学习中不够认真,只会为了最后的考试进行临时锻炼和学习。这样仅仅是为了完成教师的任务,而不是让学生真正爱上体育,更没办法让他们获得良好的素质培养。

三、教学与素质养成相结合的高校体育教改方法

(一)增加师生之间的互动与交流来激发学生对体育课的兴趣

师生之间的互动与交流非常重要,不只存在于体育课堂中,它是所有教育中尤为重要的组成部分。其中,体育课堂中的互动与交流能够使教师对学生的状况进行充分了解,将他们对体育课程和体育活动的看法和意见进行收集,从而对体育课堂教学内容和方式进行调整和创新,以满足学生的兴趣爱好为目标去设计更多更新颖的体育锻炼活动。只有教师多与学生进行交流,学生才会愿意将他们心里的真实想法告诉教师,教师也能够对不同状态的学生进行相应的体育锻炼和任务布置,能够以最适合学生的方式不断提升他们的身体素质,并且能够有针对性地设计出符合学生需求的素质教育教学内容,以此让学生获得更好的素质培养,从而促进高校体育的教学效率和教学质量获得实质性提升。

(二)以体育比赛或游戏的方式来提高学生在体育学习中的积极性

如果仅仅是让每个学生各自进行单独的体育训练,也许会让他们对训练内容不感兴趣,教师也没办法将素质教育的内容合理地融入到教学中并让学生获得培养。所以高校体育教师应当针对教学目标和教学内容,设计出相应的竞技比赛环节,将学生分组进行体育比赛,让学生们积极参与其中,对于获胜组的学生进行嘉奖和表扬,对于没能获胜的学生进行鼓励。或者针对学生的兴趣爱好和当下流行的一些运动设计一些体育小游戏,在课堂上组织学生一起进行游戏,让课堂气氛更加融洽。这种方式能够很好地提升学生对体育课堂的兴趣和积极性,使他们在比赛和游戏中激发好胜心,以此来促使他们更加认真积极地参与到比赛和游戏中。这样可以让学生的身体素质在体育比赛和游戏的过

程中获得更好的锻炼,也能让学生对今后的体育课堂内容更感兴趣,甚至会在课堂结束后依旧召集同学和朋友一起开展相同的体育比赛或游戏。让每个学生都能在充分的体育锻炼和活动中获得成长,让他们的身体素质和综合素养共同获得有效的提升。让高校体育课程的素质教育教学目标能够更好地实现。

(三)为学生布置适量的体育课后作业

目前各个高校的体育课程安排没有文化课程多,所以在体育课堂短短几十分钟时间内的体育活动并不能让学生的身体得到充分锻炼。学生往往只会有一定的文化课程课后作业,并没有以劳逸结合的方式在提升学生文化知识水平的同时培养学生的身体素质。因此,教师还应当给学生布置适量的体育课后作业,让学生在文化课程作业的间隙还能参与到体育锻炼中。但是体育课后作业的布置也需要教师对其进行认真的研究和设计,作业内容一定要符合学生的兴趣爱好并且要在能让学生的身体得到锻炼的同时任务量不能太大。如果体育课后作业量太多、任务太重,就会在学生文化课程作业的基础上给他们增加更大的负担。让学生感受到太大的压力反而会让他们对于体育训练产生抵触感。所以教师应当设计适当且富有趣味性的体育锻炼任务交予学生。这种方式让学生能够在课后依旧得到体育锻炼,并且和同学一起进行轻松有趣的体育锻炼能够激起学生的兴趣和积极性,这样不仅能够在体育作业的完成中不断提升学生的身体素质和综合素养,还能够在体育训练互动中促进学生之间进行更多的交流和沟通,增进学生之间的感情。

(四)提升高校体育教师的专业素养

要想让教学和素质养成相结合的高校体育改革获得更好的成效,教师的个人素质和专业素养的提升尤为重要。如果教师自身对这种教育模式的认知不够或者对体育教育的理念和专业知识储备不够充足,那么其所设计的教学方法和教学内容也必然没办法让学生获得较好的培养,从而无法达到预期的教学目标。因此,各个高校应当对体育教师进行充分的专业知识和素质提升,积极组织各种相关技能培训,让体育教师能够在不断的学习和提升中将自己对于体育教学的理念与方式进行不断优化和创新。并且学校还能对教学方法先进、教学成果出色的体育教师进行一定的表彰和嘉奖,让所有的体育教师都能够获得激励,鼓励他们尽自己最大努力搞好体育教学工作。

同时,让高校体育教师不断进行学习和培训,能够使他们逐渐养成自我学习与自我提升的习惯。慢慢地,他们会自觉对自己的教学模式和内容进行反思,对教学中的不足予以改进。教师会跟随时代发展和社会及学生的需求去设计更加完善的教学方案,让学生的综合素养能够在体育学习和锻炼中获得提升,让我国的高校体育教学获得更好的发展和进步。

（五）对学生实行分层次体育教学

不同学生的身体素质和个人素养有所不同，他们对体育知识的汲取能力和体育锻炼的接受水平也有所不同。因此，教师在和学生充分交流的基础上，需要对学生定期进行访问，更加清晰地了解和掌握每个学生的实际情况和兴趣爱好，在体育教学中根据不同水平和不同特长的学生开展分层次体育教学，为每个层次的学生设计体育活动和体育作业，让他们能够接受最适合自己的体育教学和体育锻炼任务。这种分层次体育教学能够将不同层次的学生分成若干个小组，每个小组的学生都处于同样的体育学习水平，他们也能够在日常体育学习和锻炼中互相讨论和配合，从而让每个层次的学生都能够在体育学习中获得最大程度的提升和素质培养。

四、结束语

总体来说，社会正在不断发展进步，各行各业对于每个人的综合素质要求也在日益提升。因此，在高校对学生进行体育教学的同时，充分培养他们的综合素养，能够为他们的成长和未来发展奠定更为坚实的基础，能够为我国培养出更多综合素质较高的实用型人才。

参考文献

[1] 何伟铭.体育教学中学生良好行为习惯的养成策略[J].黑河教育，2021(2).
[2] 姚湘伟.小学体育教学中学生行为素质的有效养成[J].当代教研论丛，2020(4).
[3] 陈想权.体育教学中的习惯养成与素质教育[J].科学大众（科学教育），2018(9).
[4] 王玉玮.论教学与素质养成相结合的高校体育教改新思路[J].当代教育实践与教学研究，2017(6).
[5] 蒋凌云.论教学与素质养成相结合的高职院校体育教改新思路[J].长江丛刊，2017(10).
[6] 李小雄.论教学与素质养成相结合的高校体育教改新思路[J].文体用品与科技，2016(16).
[7] 蒋维.论体育教学中的"素质养成"[J].职业，2015(15).
[8] 任宏权，刘亮.论教学与素质养成相结合的高校体育教改新思路[J].北京体育大学学报，2000(3).

新课改背景下体育课程评价的问题与优化策略研究

王 进

(武汉铁路职业技术学院)

摘 要

随着新课程改革的不断深入,体育教学的改革也发展到新的高度,人们对体育学科的认识从以往的体育活动锻炼转变为塑造学生健全人格、培养学生坚定意志的学科。而当前体育课程评价的内容还存在不少问题,与新课改和新课标教学目标不相适应,需要认真分析,找出问题的原因,并加以改进。本文简要分析了当前体育课程评价中存在的问题,并提出了相应的改进策略。

关键词

新课改 体育课程评价 优化策略

一、引言

在新课改培养学生核心素养观念的引导下,传统的体育课程评价模式被逐渐打破,目前正在形成评价内容多元化、评价主体多样化的体育课程评价新模式,但是在实际操作中还存在一些问题需要加以改进。

二、新课改背景下体育课程评价存在的问题

(一)评价内容上权重不够合理

体育课程设置的目的是通过体育教学,使学生掌握体育与健康基础知识和运动技能,从而提高学生的身体素质和运动能力,促进学生全面健康发展。因此,在对体育课程评价权重进行分配时,以体能、体育技术知识和体育运动技能为主,体能占三成,体育技术知识占两成,体育运动技能占两成,其他如学习态度和体育精神等共占三成。虽然各个学校的评价权重稍有不同,但是学生体能和体育技能的评价权重普遍偏高,这显然是不合理的。造成这种现象的原因主要包括两个方面:一方面是受到传统体育课程的影响,认为体育课程就是要考察学生的身体素质和运动能力;另一方面是因为学生体能和运动技能都能够通过考试的形式进行统一考核,能够按照相应的标准做到公平统一,因此能够用数字的形式直观地展示出体育课程教学成果,所以出现了体育课程评价重视学生体能和运动技能的现象。评价时对学生体能和运动技能的重视过高,造成体育教师和学生对运动精神、情感态度以及运动过程和运动习惯的忽视,背离了《国家学生体质健康标准》中所提倡的知识与技能、过程与方法、情感与态度的三维课程目标。因此,体育课程评价内容上权重不够合理,是体育教学过程中需要改进的问题之一。

(二)评价方法上选择过多不够明确

在新课改背景下,对体育课程评价方法的建议是初中采用评语制度,高中采用等级评定制度,也可以将评语制度与等级评定制度相结合。但是在实际的体育课程评价中,多数学校还是用体育成绩评分的方式来体现体育课程的教学效果。造成这种现象的原因主要包括两个方面:一是长期受到传统评分方式的影响,在教学思维上还处于应试教育的局限中,认为学生和教师的教学成果就应该用学习成绩和分数来体现;二是采用体育成绩评分机制能够方便教师计算学生在体育课程中获得的总分数,便于直观地评价学生所取得的收获。而为了改变这种单一的评价方法,不少学校开始创新多种评价模式,比如用教师观察、建立档案、小组讨论等方法。有的学校认为应该注意体育课程学习成果的特殊性,采用不划分等级的方式进行评定,但在实际教学中很难实现。因此在对体育课程评价的方法选择上,会出现传统分数评判、等级评判、评语判定以及建立健康档案等多种方法,造成评价方法上选择过多、不够明确的问题。

(三)评价主体不够明确

体育课程评价通常由教师根据具体技能标准和学生身体素质标准对学生进行评价,可以分为教师的外部评价及学生在学习过程中的自我评价与相互评价。而在实际的教学过程中,由于学习态度、情感与合作精神等概念不清晰、评价标准不够明确等原因,学生的自我评价与相互评价仍然存在着实际上的操作困难,理论和实际的差距较大,这就导致在体育课程评价主体上不够明确。有些学校仍然采取以教师个人为主导的评价方式,而有些学校则采取结合学生自评互评与教师评价的方式,难以真实客观地反映学生的学习成果、学习态度及合作精神等没有明确评价标准的体育课程评价内容。

(四)重视评价能力,忽视情感态度

体育课程评价的主要目的是考察学生在体育学习之后所形成的个人素质、体育能力以及情感等,通过评价来反映体育课堂教学的效果,从而发现在教学中需要改进的地方,为提高体育教学质量指引方向。传统的体育课程教学评价通常更加重视对学生体育技能和身体素质的评价,由于这些评价标准比较客观,便于用分数的形式体现。而对学生学习态度与情感学习积极性等方面的评价,由于内容比较抽象,评价难度较高,很多教师都会忽视这方面的评价。但是学生的学习热情是提高学习效果的前提,重视对学生学习热情的培养,才能增强体育教学的有效性,树立学生对体育学习的兴趣和信心。因此,在进行体育课程评价时,要注重对学生学习情感与态度、体育合作精神与价值观等方面的评价,对学生付出的努力给予肯定。

三、新课改背景下体育课程评价的优化策略

(一)评价内容上增加学习态度与情感的内容权重

在新课改背景下,对体育课程评价降低学生体能和运动技能的评价权重,重视学习方法、过程、态度与情感等内容的评价,是体育课程评价优化的趋势。首先,在学生体能评价方面,由于学生的身高、体重、运动能力等因素不同,同时学生对各体育项目擅长的程度也有差异,用统一的标准去评判学生1千米跑、8百米跑的速度以及立定跳远的距离,都不能证明体育教学的效果,也不能体现学生在体育课程中所获得的情感体验,只能说明有些学生受遗传因素主导的身体素质和条件要优于其他同学。而在运动技能方面,

运动技能的教学只是体育教学的目标内容之一,更需要重视的是体育对育人的价值。其次,受到传统应试教育的影响,体育课一直都被作为边缘科目,有时被其他学科占用,而体育学习活动也简单地被理解为单纯的运动,而没有把学习体育知识和技能,锻炼学生的情感和意志,塑造学生健全人格等内容,作为体育课程的教学目标,这就导致在体育课程评价内容中更加重视学生身体素质和技能的局面。目前有不少研究表明,参与体育活动对学生身心发展具有重要意义,从立德树人的角度来看,体育学习评价也应该重视学生态度与情感及思想道德培养,鼓励先天身体素质不好的学生积极参与体育活动,培育学生的体育精神和顽强意志。总之,在体育课程评价内容优化上应该适当降低对学生体能和运动技能评价所占的权重,提高对学生学习态度与情感及体育合作精神等方面的权重,让评价内容引导体育教师更加关注学生身心健康发展。

(二)健全科学合理的等级评价方法

在新课改背景下,体育课程的目标也更加多元化,体育教学目标除了培养学生体能和运动技能之外,更重要的是促进学生身心健康发展,使其获得参与体育活动的丰富情感体验。而这些抽象的东西不能够再用分数标准来评价,因此以分数制为主的评价方式已经不能适应当前体育课程的评价目标。当然,由于我国学生人数众多,体育教师授课压力较大,也不能简单地学习国外经验,采用建立档案袋、学生记录等评价方式,需要结合我国学校的实际情况,建立健全科学合理的等级评价方法。在对学生参与运动积极性、运动技能、社会适应能力、心理健康、思想政治等方面进行综合评价时,没有必要依据统一的标准采用分数制的方式进行评价。在体育课程多维目标理念下应该按照等级评价的方法,把体育成绩分为不合格、合格、良好、优秀4个等级,更加符合我国体育教育的实际情况。比如在对学生进行体能考核时,可以采取定量评价的方法,在运动参与积极性、心理健康和情感态度等方面评价时采取定性评价,把定量与定性评价相结合,综合得出体育课程学习等级。

(三)评价主体转变为教师和学生共同评价

对体育课程评价方式进行改革,需要形成多主体参与的评价局面,让教师和学生共同评价体育课程学习成果。为了明确评价方式,需要明确教师的引导地位,组织学生参与自我评价和互相评价,发挥教师在体育知识和技能及经验、阅历上的优势,做到评价相对公平公正。同时通过组建评价小组的方式,让教师和小组成员共同评价学生上课情况、学习态度、课后锻炼情况等,能够全方位、直观地体现学生的体育学习效果。

四、结束语

总体来说,体育课程评价是体育教学过程中的重要部分,需要做到从学生的实际出发,不断优化评价方式,完善评价主体,明确评价目标。

参考文献

[1] 宋志杰,彭国强.新课改背景下体育课程评价的问题与优化策略研究[J].当代体育科技,2019,9(1).
[2] 王振春.体育新课程评价在中小学体育教学中的应用价值分析[J].魅力中国,2021(4).
[3] 白亮.体育课程评价体系的构建分析[J].林区教学,2017(4).
[4] 牟利勇.体育新课程评价在中小学体育教学中的应用[J].科教导刊,2018(10).
[5] 毛龙翔.国测导向下分析小学体育课程教学评价中的学生互评[J].体育时空,2018(14).
[6] 杨振.新课改下的体育教学评价研究[J].文体用品与科技,2018,3(3).

《中国铁路职业与教育》征稿启事

《中国铁路职业与教育》是武汉铁路职业技术学院主办,华中科技大学出版社公开出版的铁路职业与教育研究丛书。为了促进现代轨道交通技术与教育的研究,真诚欢迎铁路职业教育教师以及研究者们赐稿。

一、征稿要求

1. 稿件要求:观点鲜明,论据充分,论证严谨,语言通顺,文字简练,可读性强,具有较高的理论价值和应用价值。稿件标题不超过20字,摘要篇幅不少于300字,正文以3000~5000字为宜。

2. 格式要求:论文格式见征稿启事,论文格式范本见投稿须知。

二、投稿方法

1. 请将文稿的 Word 格式电子文档(文件名统一命名为"作者姓名+单位(部门)+论文题目")发送到编辑部电子邮箱:TLZYYJY2021@163.com。投稿咨询电话:027—51159346、027—51168432。

2. 来稿文责自负(重复率不宜超过30%)。依据著作权法等有关规定,编辑部有权对稿件进行修改和删节。如不同意修改和删节,请作者注明。

《中国铁路职业与教育》投稿须知

来稿请遵循以下格式规范:

1. 作者简介

主要包括作者姓名、工作单位、研究方向、职称。

2. 摘要

篇幅为300字。只需提供中文摘要。内容应具有独立性和自含性,使读者通过摘要即可了解论文的观点和主要内容。以第三人称概述论文所探讨的问题,所用的方法和所得的结论,不举例证,不叙述研究过程,不做自我评价。

3. 关键词

主要罗列用来检索文献的主题词,一般每篇可选3~5个。关键词之间用空格隔开。只需提供中文关键词。

4. 注释

文中出现的注释一般是解释性文字或引用原文的文献,一般是在正文中标序,以页下注的形式出现在页面底端。

5. 图表

切勿太大,插图要用计算机绘好,线条应均匀,图形应适中;照片要黑白清晰;稿件中的量和单位应符合国家标准和国际标准。图和表分别编码,表题置于表格上方,图题置于图片下方。

6. 参考文献

参考文献是文章所参考的书目,在文中不标序,直接放在文章末尾,具体格式如下：

（1）普通图书的著录格式举例如下：

［1］杨叔子，杨克冲，吴波，等.机械工程控制基础［M］.5 版.武汉：华中科技大学出版社，2005：110-121.

（2）期刊的著录格式举例如下：

［1］陶积仁.密码学与数学［J］.自然杂志，1984，7(3)：73-75.

（3）论文集的著录格式举例如下：

［1］中国力学学会.第 3 届全国实验流体力学学术会议论文集［C］.天津：［出版者不详］，1990.

（4）学位论文的著录格式举例如下：

［1］张志祥.间断动力系统的随机扰动及其在守恒律方程中的应用［D］.北京：北京大学，1998.

（5）报纸的著录格式举例如下：

［1］丁文祥.数字革命与竞争国际化［N］.中国青年报，2000-11-20(15).

（6）电子文献(包括专著或连续出版物中析出的电子文献)的著录格式如下：

［1］江向东.互联网环境下的信息处理与图书管理系统解决方案［J/OL］.情报学报，1999(2)：17-21［2000-01-18］.http//www.chinainfo.gov.cn/periodical/qbxb/qbxb99/qbxb990203.

7. 标题序号

一级标题：一、二、三、
二级标题：（一）（二）（三）
三级标题：1.2.3.
四级标题：(1)(2)(3)
五级标题：a.b.c.

8. 建议排版格式

字体：统一采用宋体。
字号：正标题采用二号字体加粗，副标题采用三号字体加粗，正文内容采用小四号字体。
行距：统一采用 1.5 倍行距。